高等职业教育"十四五"规划旅游大类精品教材
研学旅行管理与服务专业系列专家指导委员会、编委会

高等职业教育"十四五"规划旅游大类精品教材

研学旅行管理与服务专业系列

总顾问 ◎ 王昆欣　　　总主编 ◎ 魏　凯

研学旅行计调实务

YANXUE LÜXING JIDIAO SHIWU

主　编：陈佳平　王亚超

副主编：李雪琴　俞小红

参　编：魏金婵　黄文娟

华中科技大学出版社

http://press.hust.edu.cn

中国·武汉

内 容 简 介

本书以研学旅行计调工作岗位的职业能力分析结果为依据,以计调工作项目和工作任务流程为主线,在知识、能力、素质等方面提出了具体要求。根据不同类型计调工作的操作流程及侧重点,本书设置了研学旅行计调认知、研学旅行地接计调业务实操、国内研学旅行组团计调业务实操、出境研学旅行组团计调业务实操、研学旅行计调技能提升五个项目。本书既可作为高职高专院校旅游类专业课程教材,也可作为研学旅行企业计调人员业务培训教材,还可供广大研学从业人员参考使用。

图书在版编目(CIP)数据

研学旅行计调实务 / 陈佳平,王亚超主编 . -- 武汉 : 华中科技大学出版社, 2025.5. -- ISBN 978-7-5772-1840-3

Ⅰ. F590.75

中国国家版本馆 CIP 数据核字第 2025V5U567 号

研学旅行计调实务
Yanxue Lüxing Jidiao Shiwu

陈佳平　王亚超　主编

总 策 划:李　欢

策划编辑:王雅琪　王　乾

责任编辑:张　琳

封面设计:原色设计

责任校对:刘小雨

责任监印:曾　婷

出版发行:华中科技大学出版社(中国·武汉)　　　　电话:(027)81321913

　　　　武汉市东湖新技术开发区华工科技园　　　　邮编:430223

录　　排:孙雅丽

印　　刷:武汉科源印刷设计有限公司

开　　本:787mm×1092mm　1/16

印　　张:13.25

字　　数:282千字

版　　次:2025年5月第1版第1次印刷

定　　价:49.80元

序一

XU YI

党的二十大报告指出,要"统筹职业教育、高等教育、继续教育协同创新,推进职普融通、产教融合、科教融汇,优化职业教育类型定位","实施科教兴国战略,强化现代化建设人才支撑","要坚持教育优先发展、科技自立自强、人才引领驱动","开辟发展新领域新赛道,不断塑造发展新动能新优势","坚持以文塑旅、以旅彰文,推进文化和旅游深度融合发展",这为职业教育发展提供了根本指引,也有力地提振了旅游职业教育发展的信心。

2021年,教育部立足增强职业教育适应性,体现职业教育人才培养定位,发布了新版《职业教育专业目录(2021年)》;2022年,又发布了新版《职业教育专业简介》,全面更新了职业面向、拓展了能力要求、优化了课程体系。因此,出版一套以旅游职业教育立德树人为导向、融入党的二十大精神、匹配核心课程和职业能力进阶要求的高水准教材成为我国旅游职业教育和人才培养的迫切需要。

基于此,在全国有关旅游职业院校的大力支持和指导下,教育部直属的全国重点大学出版社——华中科技大学出版社,在党的二十大精神的指引下,主动创新出版理念、改进方式方法,汇集一大批国内高水平旅游院校的国家教学名师、全国旅游职业教育教学指导委员会委员、全国餐饮职业教育教学指导委员会委员、资深教授及中青年旅游学科带头人,编撰出版"高等职业教育'十四五'规划旅游大类精品教材"。本套教材具有以下特点。

一、全面融入党的二十大精神,落实立德树人根本任务

党的二十大报告中强调:"坚持和加强党的全面领导。"党的领导是我国职业教育最鲜明的特征,是新时代中国特色社会主义教育事业高质量发展的根本保证。因此,本套教材在编写过程中注重提高政治站位,全面贯彻党的教育方针,"润物细无声"地融入中华优秀传统文化和现代化发展新成就,将正确的政治方向和价值导向作为本套教材的顶层设计并贯彻到具体项目任务和教学资源中,不仅培养学生的专业素养,还注重引导学生坚定理想信念、厚植爱国情怀、加强品德修养,以期落实"立德树人"这一教育的根本任务。

二、基于新版专业简介和专业标准编写，兼具权威性与时代适应性

教育部2022年发布新版《职业教育专业简介》后，华中科技大学出版社特邀我担任总顾问，同时邀请了全国近百所旅游职业院校知名教授、学科带头人和一线骨干教师，以及旅游行业专家成立编委会，对标新版专业简介，面向专业数字化转型要求，对教材书目进行科学全面的梳理。例如，邀请职业教育国家级专业教学资源库建设单位课程负责人担任主编，编写《景区服务与管理》《中国传统建筑文化》及《旅游商品创意》（活页式）等教材；《旅游概论》《旅游规划实务》等教材成为教育部授予的职业教育国家在线精品课程的配套教材；《旅游大数据分析与应用》等教材则获批省级规划教材。经过各位编委的努力，最终形成"高等职业教育'十四五'规划旅游大类精品教材"。

三、完整的配套教学资源，打造立体化互动教材

华中科技大学出版社为本套教材建设了内容全面的线上教材课程资源服务平台：在横向资源配套上，提供全系列教学计划书、教学课件、习题库、案例库、参考答案、教学视频等配套教学资源；在纵向资源开发上，构建了覆盖课程开发、习题管理、学生评论、班级管理等集开发、使用、管理、评价于一体的教学生态链，打造了线上线下、课内课外的新形态立体化互动教材。

本套教材既可以作为职业教育旅游大类相关专业教学用书，也可以作为职业本科旅游类专业教育的参考用书，同时，可以作为工具书供从事旅游类相关工作的企事业单位人员借鉴与参考。

在旅游职业教育发展的新时代，主编出版一套高质量的规划教材是一项重要的教学质量工程，更是一份重要的责任。本套教材在组织策划及编写出版过程中，得到了全国广大院校旅游教育教学专家教授、企业精英，以及华中科技大学出版社的大力支持，在此一并致谢！

衷心希望本套教材能够为全国职业院校的旅游学界、业界和对旅游知识充满渴望的社会大众带来真正的精神和知识营养，为我国旅游教育教材建设贡献力量。也希望并诚挚邀请更多旅游院校的学者加入我们的编者和读者队伍，为进一步促进旅游职业教育发展贡献力量。

王昆欣

世界旅游联盟（WTA）研究院首席研究员

高等职业教育"十四五"规划旅游大类精品教材总顾问

序二

XU ER

2024年5月17日,全国旅游发展大会在北京召开。在本次会议上,习近平总书记对旅游工作作出重要指示,强调"新时代新征程,旅游发展面临新机遇新挑战",要"坚持守正创新、提质增效、融合发展"。党的十八大以来,我国旅游业日益成为新兴的战略性支柱产业和具有显著时代特征的民生产业、幸福产业,成功走出了一条独具特色的中国旅游发展之路。当下,我国旅游业正大力发展新质生产力,推动全行业高质量发展,加速构建旅游强国。

在这个知识经济蓬勃发展的时代,教育的形式正经历着前所未有的变革。随着素质教育理念的深入人心与国家政策的积极引导,研学旅行作为教育创新的重要实践,已成为连接学校教育与社会实际、理论学习与实践探索的桥梁。"读万卷书,行万里路",研学旅行不仅丰富了青少年的学习体验,更是培养其综合素质、创新意识、民族使命感、社会责任感的有效途径。自2016年11月30日教育部等11部门联合出台《关于推进中小学生研学旅行的意见》以来,研学旅行作为教育新形式、旅游新业态在国内蓬勃发展,成为教育和文旅行业的新增长点。2019年10月,"研学旅行管理与服务"专业正式列入《普通高等学校高等职业教育(专科)专业目录》,研学旅行专业人才培养正式提上日程。但是行业的快速发展也暴露了研学旅行专业人才短缺、相关理论体系不完善、专业教材匮乏、管理与服务标准不一等问题。为了有效应对这些挑战,在此背景下,我们联合全国旅游院校的多位优秀教师与行业精英,经过深入调研与精心策划,推出研学旅行管理与服务专业的系列教材,旨在为这一新兴领域提供一套专业性、系统性、实用性兼备的教学资源,助力行业人才培养。

习近平总书记指出,要抓好教材体系建设。从根本上讲,建设什么样的教材体系,核心教材传授什么内容、倡导什么价值,体现的是国家意志,是国家事权。教材建设是育人育才的重要依托,是解决培养什么人、怎样培养人以及为谁培养人这一根本问题的重要载体,是教学的基本依据。教材建设要紧密围绕党和国家事业发展对人才的要求,扎根中国大地,拓宽国际视野,以全面提高质量为目标,以提升思想性、科学性、民族性、时代性、系统性为重点,形成适应中国特色社会主义发展要求、立足国际学术前沿、门类齐全、学段衔接的教材体系,为培养担当民族复兴大任的时代新人提供有力支撑。新形态研学旅行管理与服务专业教材的编写既是一项迫切的现实任务,也是一项重要的研究课题。本系列教材根据专业人才培养目标准确进行教材定位,按照应用导向、能力导向要求,优化教材内容结构设计,融入丰富的典型案例、延伸材料等多元化内容,全线贯穿课程思政理念,体现对工匠精神、红色精神、团队精神、文化传承、文化创新、文明旅游、生态文明和社会主义核心价值观的弘扬和引导,提升教材的人文精神。同时广泛调查和研究应用型本科高等职业教育学情特点和认知特点,精准对标研学旅行相关岗位的职业特点及人才培养的业务规格,突破传统教材的局限,打造一套能够积极响应旅游强国战略,适应新时代职业教育理念的高质量专业教材。本系列教材共包含十二本,每一本都是对研学旅行或其中某一关键环节的深度剖析与实践指导,形成了从理论到实践、从课程设计到运营管理的全方位覆盖。这套教材不仅是一套知识体系的构建,更是一个促进教育与旅游深度融合,推动行业标准化、专业化发展的积极尝试。它为相关专业学生、教师、行业从业人员提供权威、全面的学习资料,助力培养一批具备教育情怀、专业技能与创新能力的研学旅行管理与服务人才,进一步推动我国研学旅行事业向更高水平迈进。

研学旅行管理与服务专业教材的编写对于专业建设、人才培养意义重大,影响深远。华中科技大学出版社与山东旅游职业学院、浙江旅游职业学院等高校,以及北京中凯国际研学旅行股份有限公司深度合作,以科学、严谨的态度,在全国范围内凝聚院校和行业优秀人才,精心组建编写团队,数次召开研学旅行管理与服务专业系列教材编写研讨会,深入一线对行业、院校进行调研,广泛听取各界专家意见,为教材的高质量编写和出版奠定了扎实的基础。在此向学界、业界携手共建教材体系的各位同仁表示衷心的感谢!

我们相信,这套教材的出版与应用能够为研学旅行的发展注入新的活力,促进理论与实践的有机结合,为研学旅行专业人才的培养赋能,也为教育创新和旅游业的转型升级、提质增效贡献力量。同时,我们也期待读者朋友们能为本系列教材提出宝贵的意见和建议,以便我们不断改进和完善教材内容。

魏凯

山东旅游职业学院副校长,教授

山东省旅游职业教育教学指导委员会秘书长

山东省旅游行业协会导游分会会长

前言
QIAN YAN

为全面贯彻习近平新时代中国特色社会主义思想和党的二十大精神,贯彻党的教育方针,落实立德树人根本任务,培养德智体美劳全面发展的社会主义建设者和接班人,满足研学旅行专业的教材建设需求,我们特编写本书。

《"十四五"旅游业发展规划》将文旅与教育两大产业深度融合,催生出"教育+旅游"这一新兴业态,并推动其驶入高质量发展的快车道。在此背景下,研学旅游市场蓬勃发展,对专业人才的需求也与日俱增。当前,研学旅行行业在专业化、系统化的计调实操方面尚需规范,本书的出版恰逢其时,为提升全行业的服务品质与推行专业规范提供了强有力支撑。

本书聚焦研学旅行计调领域,以研学旅行计调工作岗位的职业能力分析为基础,以计调工作项目和工作任务流程为主线,按照不同类型计调工作的实际操作流程与侧重点,设计了研学旅行计调认知、研学旅行地接计调业务实操、国内研学旅行组团计调业务实操、出境研学旅行组团计调业务实操和研学旅行计调技能提升五个实用项目,从知识、能力和素质提升等方面,帮助读者精准把握计调工作的核心要义与操作流程。

本书采取工学结合的编写方式,校企共同组建编写团队,共同研究编写体例与内容设计,既注重教材知识体系的系统性建构,又重视计调实操技能的落地转化,确保了教材的针对性、实用性和科学性。

本书由河南职业技术学院陈佳平二级教授担任第一主编,北京中凯国际研学旅行股份有限公司王亚超董事长担任第二主编;河南职业技术学院李雪琴、北京中凯国际研学旅行股份有限公司俞小红担任副主编;河南职业技术学院魏金婵和福建幼儿师范高等专科学校黄文娟参与编写。

本书秉持创新思维,积极探索数字化管理、大数据分析等前沿技术在计调工作中的应用场景,以数字技术赋能推动行业的转型升级,增强从业者在研学旅行市场的核心竞争力。本书不但可作为研学旅行管理与服务相关专业的教材,还可为初涉研学旅行行业的新人以及渴望突破职业瓶颈的资深从业者提供帮助。

本书的编写得到了研学旅行的头部企业北京中凯国际研学旅行股份有限公司的大力支持,该公司为本书提供了丰富的研学旅行案例与实操指导;华中科技大学出版社编审团队为本书的出版倾注了大量心血,在此一并表示感谢!

编者

目录
MULU

Note

项目一
研学旅行计调认知

知识目标

1. 了解研学旅行计调的概念、发展现状及发展趋势。
2. 熟悉研学旅行计调的分类。
3. 明确研学旅行计调的素质要求。
4. 掌握研学旅行计调的岗位职能。

能力目标

1. 能够初步协调并解决项目执行过程中出现的问题,锻炼学生的团队协作与冲突解决能力。
2. 能够结合市场需求与教育资源,创新性地策划出符合教育目标、富有吸引力的研学旅行主题。

素质目标

1. 培养学生高度的责任感,确保研学活动的质量与学生的安全。
2. 增强学生的服务意识,关注研学过程中的体验与收获,不断提升服务质量。
3. 强调责任感和专业精神,使学生严格遵守职业道德规范,诚实守信,维护研学行业的良好形象。

思维导图

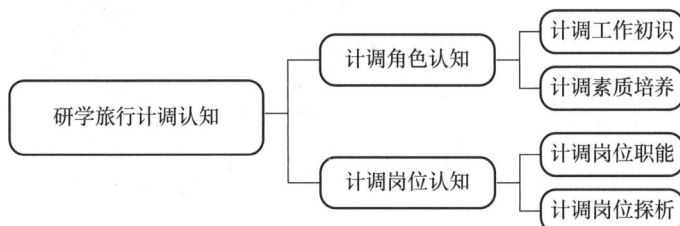

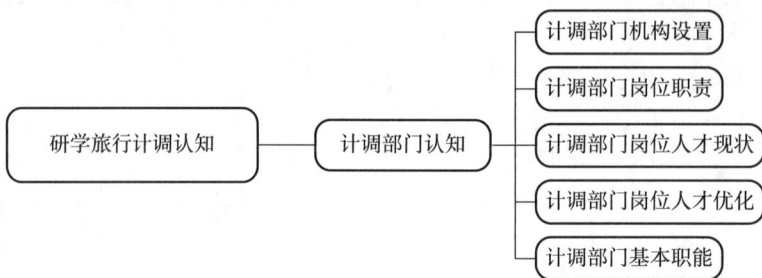

任务一　计调角色认知

📖 任务导入

2024年,某研学旅行企业组织了一次前往武夷山的研学旅行活动,原定的交通方式为火车双卧。然而,后期火车时刻表更新,杭州票务公司和该研学旅行企业都未能提前得知这一重要信息。这种更新通常涉及火车的发车时间、到站时间等关键数据,对线路的安排至关重要。该研学旅行企业的计调人员在拿到火车票后,没有认真核对票面出发时间,导致在安排线路时仍按照旧的时间表进行操作。这种疏忽在研学旅行中会造成严重后果,因为研学线路通常包含多个教育节点和活动安排,时间的微小变动都会对整个线路产生连锁反应。当研学团队按照计调人员安排的时间到达火车站时,发现已经发车。这不仅导致团队无法按时抵达武夷山,还打乱了原定的研学计划和活动安排。团队成员可能因此错过重要的教育考察点,影响研学效果。

（资料来源:根据研学旅行企业实际案例改编）

思考:这次失误不仅严重影响了研学旅行企业的声誉和客户忠诚度,还造成了重大经济损失。由于线路延误,该研学旅行企业需要承担额外的交通费用、住宿费用等,以弥补研学团队的损失。同时,还可能面临客户的索赔要求。那么,应该如何避免此类失误发生呢?

分析:这个案例展示了研学旅行企业计调人员操作失误可能带来的严重后果。它提醒我们,在研学旅行中,计调工作必须严谨细致、准确无误。只有这样,才能确保研学活动的顺利开展和研学目的的有效实现。

📖 任务重点

明确研学旅行计调人员的主要职责。

📖 任务难点

如何提升研学旅行计调人员的素养。

🔵 任务实施

一、计调工作初识

（一）计调概述

计调就是计划、调度、安排之意。从整体上看,计调工作在研学旅行业务中处于核心地位,是研学旅行企业内部专门负责为研学者设计接待方案、汇总相关信息并负责相关服务采购和业务调度的一类职位。

研学旅行企业的计调工作涉及面广,其概念有广义与狭义之分。

广义而言,研学旅行计调业务包括为研学旅行企业的战略决策提供市场调研、信息支持、计划制订等辅助性工作,以及为实现研学计划而进行的整体筹划、沟通协调、组织执行、合同签订、监督检查等一系列业务活动。

狭义上,研学旅行计调业务特指在接待研学团队时,负责安排各项研学活动的具体工作,涵盖餐饮、住宿、交通、娱乐、学习等方面的细致规划。此外,研学旅行计调业务还包括选择合作伙伴、选派研学旅游指导师、制订接待计划和编制预算等。

（二）研学旅行计调的发展现状

研学旅行计调的发展,是伴随着研学旅行市场蓬勃兴起而稳步向前的。近年来,随着社会各界对素质教育重视程度的提升,研学旅行作为一种融合学习与旅游的创新教育模式,其市场需求呈现井喷式增长。学校、教育机构乃至企业纷纷加入这一行列,通过组织丰富多彩的研学活动,致力于拓宽学生视野、增强实践能力。这一趋势极大地促进了研学旅行计调行业的繁荣与发展。

一是市场需求增长。面对日益增长的市场需求,研学旅行计调的专业化水平实现了质的飞跃。计调人员不仅需要掌握深厚的研学知识,深入理解各类教育目标与理念,还需具备出色的项目管理能力,能够精准对接客户需求,量身定制研学方案。

二是专业化程度提高。从课程设计到安全保障,从行程规划到效果评估,每一个环节都考验着计调人员的专业素养与创新能力。

三是技术应用广泛。科技的飞速发展为研学旅行计调带来了前所未有的机遇与挑战。虚拟现实(VR)、增强现实(AR)等前沿技术的融入,不仅丰富了研学旅行的表现形式,提升了学生的参与度和体验感,也要求计调人员紧跟时代步伐,不断提升自身的技术素养,学会运用科技手段优化研学项目,使之更加生动有趣、高效实用。

（三）研学旅行计调的发展趋势

1. 研学旅行拥抱全球,深化文化融合与发展

随着国际交流的日益频繁,学生不再满足于单一的本土学习环境,他们渴望通过研学旅行,亲身体验不同国家的文化、历史和社会风貌,从而在更广阔的舞台上拓宽视

野、增长见识。研学旅行计调人员作为这一领域的专业人士,需紧跟时代步伐,密切关注国际研学旅行市场的发展趋势,积极拓展国际合作渠道,将世界各地的优质教育资源引入国内,同时也将中国的文化精髓推向世界,促进全球文化的交流与融合。

2. 科技赋能研学旅行,创新服务引领未来

科技的飞速发展正为研学旅行注入新的活力与可能。在线学习平台等科技产品的应用,不仅让研学过程更加便捷高效,还极大地丰富了学习方式和手段。研学旅行计调人员需紧跟科技潮流,积极探索科技在研学旅行中的创新应用,为学生提供更加个性化、智能化的学习体验。通过科技赋能,研学旅行将不再受地域和时间的限制,让知识的获取与传播变得更加灵活多样。

3. 研学践行绿色理念,推动环境和谐共生

在追求国际化与科技化的同时,研学旅行也始终不忘其肩负的社会责任与环保使命。研学旅行计调人员需秉持绿色发展理念,推动研学旅行活动朝着绿色化、低碳化的方向发展。从行程规划到活动实施,每一个环节都应充分考虑环境保护的因素,减少对环境的影响。同时,研学旅行还应鼓励学生参加社区服务和社会公益活动,培养他们的社会责任感和公民意识,让研学旅行成为一次心灵与自然的和谐之旅。

4. 研学领域广泛拓展,多元主题满足需求

研学旅行的领域也在不断拓展,从传统的历史文化、自然科学等领域,逐渐延伸到艺术、体育、商业、创新等多个方面。这种多元化的趋势满足了不同学生的个性化需求,使得研学旅行更加贴近学生的兴趣和实际。研学旅行计调人员须具备敏锐的市场洞察力,紧跟时代步伐,设计出符合市场需求、具有创新性的研学旅行产品,为学生提供更加丰富多样的学习选择。

5. 研学聚焦个性发展,定制服务释放潜能

个性化教育已成为教育改革的重要方向之一。研学旅行作为个性化教育的重要实践平台,应更加关注学生的个性化需求。研学旅行计调人员需深入了解每一位学生的兴趣爱好、学习风格及发展目标,为他们量身定制个性化的学习方案和服务,帮助他们更好地挖掘自身潜力和发展自身才能。在这一过程中,研学旅行计调人员不仅是活动的组织者和管理者,更是学生成长道路上的引路人和伙伴。

(四)研学旅行计调的分类

计调岗位在规模较小的研学旅行企业中没有严格分类,基本上是一岗兼数职,而在较大规模的研学旅行企业里,由于业务种类较多,计调部门及其岗位则被细分。计调主要分为以下四类。

1. 按研学目的地划分

(1)国内计调。

根据研学旅行企业业务,国内计调可分为国内组团计调和国内地接计调,主要负责规划和落实团队在国内的食、住、行、乐、学等方面的需求。

（2）出入境计调。

出入境计调主要安排团队出入境的相关业务，包括与境外地接社的联络等业务，安排入境团队的接待业务，包括策划线路安排、向境外组团社报价、确认接待计划等。

2. 按业务范围划分

（1）组团类计调。

组团类计调的主要业务是将地接社（即游客所前往的目的地研学旅行企业）的价格及线路安排告知游客。组团类计调并不需要将所有要素都了解得十分清楚，但对各地线路的大体安排、资源情况要有简要的了解。

（2）地接类计调。

地接类计调就是掌握当地研学资源、食宿和交通状况等因素，并根据各要素的情况安排好线路，将线路和报价传送至组团社的计调人员。

（3）批发类计调。

批发类计调指的是集合本地区研学同行的客源，发往境内外的指定研学目的地，交由当地接待机构完成对研学同行承诺的接待内容和标准的专职人员。

（4）专项类计调。

专项类计调一般是负责某个特定目标市场，为这一特定目标市场设计产品、提供服务。

3. 按职业技能与业务素养划分

（1）初级计调。

初级计调只需掌握简洁规范的现代操作模式，工作内容相对简单，技术含量不高，对从业人员的素质要求相对较低。对于初次接触研学行业的人员而言，经过一段时间的岗前培训及模拟操作即可胜任这一岗位。初级计调比较适合中小研学企业。

（2）高级计调。

高级计调相对于初级计调技术含量较高，对从业人员的素质要求也相对较高，需由初级计调过渡而来，要求具备一定的从业经历，积极主动、思维开阔，善于比较分析，具备独立策划能力。对于初级计调或无从业经历者来说，需经过一段时间的强化培训及模拟操作，并在实际工作中加以培养和总结经验，才能逐步具备高级计调所需的素质。

（3）主管计调。

主管计调不仅要熟练掌握并应用现代计调操作模式（既涉及具体操作，也要求具备管理能力），还能够利用季节差异制定主打产品，善用套餐策略营造市场氛围，解析同行线路。主管计调需要有相应的从业年限和从业经历，具备较强的业务能力和人际交往能力，对从业人员的素质、经历要求都相应地更高，此类型人员适合在大中型研学企业发挥所长。

二、计调素质培养

（一）计调素质要求

1. 弘扬职业精神

计调岗位琐碎且单调，由众多细微环节构成，唯有秉持敬业与乐业的情怀，方能持之以恒，将工作出色完成。研学活动环环相扣，计调人员需确保各环节无缝对接。一旦票务、交通、团队接送等任一环节出现疏漏，都可能引发全盘混乱。因此，计调人员应具备进取心，勇于面对挑战，热爱岗位，强化团队协作，善用团队智慧，共同推动研学旅行产品的产销，圆满达成企业经营目标。

2. 深化业务专长

计调人员应深入钻研业务，全面掌握基础知识，具备敏锐的市场嗅觉与竞争意识，紧跟行业动态，持续提高专业水平。一个优秀的计调人员须具备敏锐的信息捕捉与运用能力，尤其要精通报价地区的研学资源，这包括酒店价格变动、区域特色、客房状况、安全保障、停车设施、餐饮服务等细节，以及餐饮、研学导师等关键因素，其中，动态信息的掌握尤为关键。

3. 累积广博知识

优秀的计调人员不仅须具备良好的文化素养、扎实的文字功底与一定的外语能力，还应深入了解企业管理知识和线路规划要点，掌握票务办理、行李托运等业务操作流程，熟悉交通、住宿、餐饮及研学车队等涉外单位的业务情况，特别是自动化办公技能与行业法规，如与研学旅行企业相关的管理条例、经济合同法，以及海关、边检等方面的法律法规。此外，财务、统计、外汇、公关、市场营销等多领域的知识也必不可少。

4. 培养沟通能力

计调人员大部分时间会与研学者和研学相关部门打交道，因此，善于人际协调和沟通是做好计调工作的基本条件。在与有关部门、单位协作的过程中，计调人员应积极配合、保持谦虚谨慎的态度，广泛结交朋友，同时还应注意维护本研学旅行企业的声誉。例如，在与合作单位洽谈时，计调人员既要巧妙地维护好合作关系，让整个交流过程轻松愉快，又要凭借专业和技巧，得体且有力地展开协商，为研学旅行企业取得优惠的协议价格，争取最大的经济效益。这便对计调人员的专业素养提出了较高要求，他们需具备出色的谈判能力，熟练掌握人际沟通技巧。唯有如此，方能在充分保障企业自身合法权益与核心利益的前提下，与合作方达成互利共赢的理想局面。

5. 严守规则与法律

计调人员应严格遵守公司规章制度，重大事项须请示领导获批后再行处理，避免擅自决策带来的严重后果。要维护国家与集体利益，拒绝私利诱惑。同时，严格遵守国家与公司财务制度，具备相关法律知识，确保管理活动合法合规。

6. 熟练系统操作

信息化和互联网技术的发展完全改变了研学旅行企业传统的手工作业方式,目前一些国内知名的大型、现代化的研学旅行企业都已全面实现了信息化管理,研学旅行企业管理软件的操作已成为日常工作中的必需。计调模块是研学旅行企业管理系统中的基础部分和核心内容,一般包括采购策划、团队控制、结算管理和地接管理。因此,计调人员需熟练掌握计调管理系统,同时还要熟练运用现代通信工具、信息化平台与办公系统。

7. 倡导学习与创新

研学市场日新月异,计调人员需不断学习,紧跟市场动态、目的地变化与接待单位实力变化,基于学习成果,不断创新工作,以适应时代发展的潮流。

8. 精通成本控制

计调人员需在保证团队高效运作的基础上,实现成本控制与线路优化的双重目标,即在保证团队运作效果的同时,设计出成本最低、经济效益最佳的线路方案。

(二)计调职业意识

作为一名计调人员,具备相应的职业意识。职业意识与职业素质、职业道德和职业态度同等重要。计调人员应具备的职业意识主要包括以下六个方面。

1. 营销意识

对于研学旅行企业来讲,其所从事的业务实际上是研学旅行产品营销,而研学旅行产品营销其实是一种对预付产品的服务承诺,也就是说,研学者所购买的只是一种预付产品。因此,营销意识是以计调人员充分理解该业务在研学旅行企业经营活动中的重要性为基础的,其重点就在于树立质量和品牌意识,力求通过每一次的优质服务,来争取好的市场口碑,以获得更多的客源。

2. 全局意识

研学旅行企业是一个有机整体,是由众多部门组成的。虽然各部门担负着不同的职能,却都是围绕着为研学者服务来开展工作的,因此,计调人员具有全局意识就显得尤为重要。

3. 服务意识

计调工作是研学旅行企业服务工作的重要组成部分,计调人员需要具备良好的服务意识,能够主动地为研学者提供优质的研学旅行产品,为相关部门提供业务信息。对于计调人员来说,良好的服务意识是做好服务工作的基本前提。

4. 质量意识

强烈的质量意识是确保研学旅行企业提供高质量研学服务产品的先决条件,也是计调人员在物质上、精神上满足研学者需要的主观自觉性,即在服务过程中,不断地提高对服务质量的重视程度和自觉程度,树立"服务就是客源、质量就是效益"的观念,以增强保证质量的责任感、使命感和紧迫感。

5.协作意识

在日常工作中,因为计调部门对内需要与接待部、票务部、销售(外联)部、财务部等部门进行频繁的业务往来,所以注重彼此间的相互协作是相关工作得以顺利开展的基本前提。同时,计调工作对外还需要与交通部门(航空、铁路、轮船、汽车)、酒店、餐厅、研学景区(点)、商场等单位进行良好的合作,这就要求计调人员树立协作意识,善于与他人进行沟通和交往,以获得各方的配合与支持,实现共赢。

6.效率意识

研学旅行企业业务具有非常强的时效性,这就要求计调部门在安排团队接待计划时,应做到周密部署,及时完成各项业务的预订,及时处理团队运行中的改订业务。尤其是在研学业务繁忙时,计调部门往往需要同时应对多个研学团队的接待任务,因此更加要求计调人员在规范操作的同时提高效率,并做到环环相扣,使每一个研学团队都能得到保质保量的服务。

知识训练

1.如何成为一名合格的计调人员?

2.计调人员应具备哪些素质?

技能训练

2024年暑期,正是研学旅行旺季,某旅行社承接了一次研学旅行活动。由于计调人员严重短缺,刚入职计调岗位两个月的小张被安排负责此次研学团队的相关工作。然而,在活动过程中,小张的操作失误导致了一系列问题的发生。

1.与销售人员沟通不足

在活动筹备阶段,小张与销售人员沟通不充分,未能全面掌握研学团队的具体要求,尤其是不同年龄学生对应的特殊饮食需求信息未能准确传达。结果,在活动实际执行过程中,出现了餐饮安排与学生口味不相符的情况。

2.行程安排不合理

小张在规划行程时,将多个高强度活动集中安排在一天,且未留出足够的休息时间。导致学生在活动中表现出明显的疲劳状态,部分活动参与度低,甚至出现了学生身体不适的情况。

3.对合作社情况了解不明

在选择研学活动地点和合作单位时,小张未对合作方进行充分的资质审查和实地考察,仅凭口头承诺和宣传资料做出决策。活动当天,发现合作方提供的场地设施陈旧,安全隐患突出,研学导师的专业素质参差不齐,严重影响了研学效果和学生安全。

4.应对突发事件能力不足

在研学活动最后一天,突遇恶劣天气,导致部分户外研学项目无法正常开展。然而,小张事先未制定应急预案,面对突发情况手忙脚乱。结果恶劣天气下的活动调整不及时,导致学生长时间等待,部分研学项目被迫取消,引发了学生和家长的不满。

此次研学计调操作失误给旅行社带来了严重的负面影响。不仅损害了旅行社的声誉和客户关系,还可能导致未来研学业务的拓展受阻。同时,对于学生而言,也错过了一次原本应有的高质量研学体验机会。

问题:本案例暴露了研学计调工作中的哪些问题?为避免类似情况再次发生,研学旅行企业应采取什么措施?

任务二　计调岗位认知

任务导入

北京某国际研学旅行股份有限公司组织了一个赴上海的"探访历史痕迹,寻觅城市血脉"研学团队,计划前往上海进行为期一周的研学活动。该研学团学生年龄为10至12岁。此次研学的目标是让学生了解上海从远古时期到中华人民共和国成立的历史,包括渔捞、制盐、织布、沙船海运的兴起,以及文学艺术、科学技术的发展历程。

(资料来源:根据北京中凯国际研学旅行股份有限公司实际案例改编)

思考:作为该公司的计调人员,应该做哪些工作?

分析:计调人员不仅需要具备丰富的专业知识和敏锐的市场洞察力,还需要具备高度的责任心和应变能力。通过前期的精心准备和突发情况的有效处理,确保旅游活动的顺利开展,满足研学者的多样化需求,进而提升旅行社的服务质量和市场竞争力。

任务重点

明确研学计调人员岗位职责。

任务难点

入门计调人员晋升为合格计调人员的方式。

任务实施

一、计调岗位职能

计调岗位在研学旅行企业中扮演着至关重要的角色,其职能涵盖了多个方面,以确保研学旅行企业项目的顺利实施和高效运作。下面介绍计调岗位的主要职能。

（一）研学旅行产品计划制订

1. 参与战略制定

计调岗位人员参与管理层制定行业项目发展战略,并提供参考意见。

2. 编制项目计划书

计调岗位人员负责编制项目计划书,内容包括项目报价、流程图的绘制、项目周期规划等,确保项目有明确的目标和计划。

3. 沟通计划

计调岗位人员负责制订有效的项目沟通计划,内容包括会议安排、通信方式和其他协调措施,以确保项目信息的顺畅传递。

（二）研学资源协调

1. 资源匹配

与供应商和客户就项目需求进行协商,确保资源的匹配性和可用性。

2. 预算管理

统筹安排项目预算,包括场地租赁、娱乐设施、餐饮等费用的协调和管理。

3. 线路和资源选定

选定最佳的研学旅行线路和研学旅行企业资源,包括资源点、酒店、交通等方面,并协调相关事宜。

（三）现场协调及服务质量控制

1. 现场工作计划

根据项目要求制订现场工作计划,内容包括场地布置、接待服务等。

2. 工作指导与监督

指导现场工作人员根据标准流程、手册进行工作,并对工作进展进行严格把关。

3. 服务质量监控

根据客户要求制定及时的跟踪方案,检查现场服务质量并提出改进建议。

（四）研学活动实施管理

1. 人员、物资安排

根据项目计划,准确及时地安排有关人员、物资和设备等,确保项目正常推进。

2. 培训与材料制作

组织和安排项目培训工作,并制作相关培训材料,确保参与研学的有关人员充分了解项目内容。

3. 风险与纠纷处理

协调与处理项目中的风险责任问题,避免和解决项目中出现的纠纷和意外事件。

（五）客户沟通与服务

1. 沟通反馈

定期与客户进行沟通,及时向客户反馈其需求情况,并为客户提供专业化的咨询服务。

2. 关系维护

与客户保持良好的工作关系,及时处理客户的各类问题,提升客户的信任度。

3. 满意度提升

遇到客户满意度不高的情况,及时反馈给企业相关部门,针对具体问题开展员工专项培训,提升服务专业度及响应效率;定期开展客户满意度调研,收集多维度意见,动态调整服务策略,持续优化客户体验,提升客户满意度。

（六）其他职能

1. 市场分析与产品设计

收集和了解研学旅行企业市场信息及同行相关行情,根据市场需求设计研学旅行企业产品。

2. 订单与突发事件处理

跟进订单进展,及时处理客户在研学旅行过程中遇到的突发事件和紧急状况。

3. 财务管理

负责及时催收团款及各种欠款,确保企业财务安全。

4. 文档管理

按规定做好资料的整理和归档工作,确保信息的完整性和可追溯性。

计调岗位职能广泛且重要,计调人员需要具备细心、耐心的品质,拥有较强的沟通能力和执行力。同时,还要熟悉研学旅行企业及行业相关法律法规,具有一定的知识和经验。在研学旅行企业中,计调人员是确保研学旅行企业项目顺利实施和高效运作的关键力量。

二、计调岗位探析

（一）入门计调人员

作为初入计调岗位的新人,无论是刚从学校毕业的实习生,还是从研学旅游指导师岗位上转入计调岗位的人员,都应该将熟悉各项业务作为主要突破点,善于学习和观察,积累各方面的知识,为以后的工作打下坚实的基础。

1. 岗位职责

入门计调人员即计调助理,要跟随资深计调人员收集所负责地域的各种资讯;熟悉地域研学线路的设计、线路的编写、报价的计算等工作;掌握销售签单后的团队确认工作;监督接待计划的实施情况,协助处理研学团队在途中遇到的各种问题;参与参观、访问、拜会等事务的落实工作,以及团款催收工作。

2. 任职资格

入门计调人员的任职资格要求如下:研学相关专业毕业生,或者具有2年以上研学旅游指导师工作经验的人员,能承受较大的工作压力,具有开拓创新和团队合作精神等。

3. 岗位描述

(1)掌握计调采购各个项目的成本。

熟悉各研学旅行基地(营地)门票价格及折扣价政策,掌握各类酒店的挂牌价,以及淡季、旺季、平季团队报价、陪同床位价格及成团所需房间数;了解各餐厅的餐费折扣价,明确各类型交通车辆的客运单价及运行里程数、特殊线路的全包价;同时,需清晰掌握各车型信息、具体线路规划,以及停车过路费标准、机票折扣规则等。

(2)协助销售员做好业务联络。

接听电话时一定要客气委婉,接到电话应说:"您好,这里是××公司";同时,注意保持声音亲切,语速适中,语言委婉流畅,让客户感到放心、舒心。在接听业务咨询电话时,需详细询问对方企业的全称、业务对接人姓名、传真号码、固定/移动联系方式、具体行程需求(包括参团人数、线路规划、景点偏好、住宿标准、用车安排、返程计划及预计出发时间等),并认真做好书面记录。

(3)参与预订住宿、餐饮、交通等研学项目的报价。

在报价环节,要协助资深计调人员尽快将报价发给对方,并及时确认对方是否收到。同时要向对方业务员了解团队的情况,通过充分沟通,尽早确定合适的价位。

(4)协助资深计调人员进行组团跟单。

如果团队确定出游事项,要协助计调人员编制研学计划,并和对方约定结账方式,发送研学计划。如果团队没有及时确定,要进一步跟单,并在上面注明每次跟单的情况,做到心中有数。

(5)协助资深计调人员进行团队研学跟进。

在研学活动过程中,协助资深计调人员加强与随团研学旅游指导师的沟通联系,进行团队研学跟进,掌握团队情况和研学计划执行情况。团队返回目的地后,及时拨打服务跟踪电话,确保每个团队都能得到满意的服务,做到对每个团队的情况都心中有数。

(6)协助资深计调人员做好团队服务总结。

从研学旅游指导师处收回游客意见反馈表、研学旅游指导师陪同日志等记录材料,学习撰写团队总结。将有关资料进行整理、归档。团队结束3日内(含下团当日)必须将结算单发到组团社,并确认对方收到。

(7)协助资深计调人员做好结算工作。

按照研学合同、供应商及合作商的协议(大多为传真件形式)、往来变更单及其确认件所约定的内容,制作结算单并发送至有关单位,及时催收团款。同时,协助审核研学旅游指导师报账单据。

4.岗位发展

一般来说,在熟悉了入门计调人员的操作流程和工作内容,积累了一定的经验和客户资料后,可以考虑成为一名正式的计调人员,为以后晋升计调经理打下基础。

(二)合格计调人员

1.岗位职责

相较于入门计调人员,合格计调人员应当是具备基本策划能力的高级计调人员,除了需掌握初级计调员的所有技能,对于操作流程及业务能力还有更高的要求。

一名合格的计调人员应当履行以下职责。

(1)带领团队完成一个线路的市场调查工作,并能独立完成该项目的市场报告撰写。

(2)及时关注宏观政策,分析政策对研学行业的影响,了解项目整体战略思路。

(3)具备独立且富有创意地完成研学活动策划报告的能力。

(4)积极构建并维护与相关部门人员的日常沟通与合作的桥梁。

(5)准确、圆满地完成活动的组织工作。

(6)负责制定项目阶段营销策略,并监控其实施效果。

(7)持续学习相关知识,不断提高业务水平,以满足工作要求。

(8)掌握计调的五个关键步骤要求,即解析线路走向、对比特点成本、确定主打产品、制定营销计划、遴选合作关系。

(9)熟知我国行政区域的划分,对各区域的研学旅行产品要有清晰的把握,活用"计调三宝"(地图、交通时刻查询表、计算器),能够识别行车路线,根据行车里程及时间推算车价和线路。

(10)灵活运用研学旅行线路的快速核算技巧及案例分析方法,结合不同的研学时段及市场趋势,适时推出具有创新性的研学旅行产品。

2.任职资格

一般情况下,任职者需要具有大专及以上的学历,为研学管理等相关专业,具有5年以上研学旅行企业外联、助理计调等方面的工作经验。

3.岗位描述

计调部门是研学旅行企业工作的核心部门,计调人员的工作直接影响着公司业务的正常运转。为提高工作效率,增加工作效益,计调人员应本着尽心尽责、求实创新的态度,做好以下岗位工作。

(1)承担外部接待任务,规划研学团队行程,发布计划,开展公关协调工作,并负责组织和执行团队的接送与接待工作。

(2)主动收集并深入分析不断变化的研学市场趋势及同行信息,深入研究其他研学旅行企业推出的常规及特色线路,以便为研学旅行产品策划提供灵感,并据此制定相关方案。

(3)持续优化并创新研学旅行线路及其规划,确保线路既符合当前市场需求,又能满足研学者期望,同时设定合理的价格。

(4)在策划和执行研学团队活动时,全面细致地考虑食、住、行、乐、学等各个环节,力求在保证接待质量的同时,实现成本效益最大化。

(5)研学团队出发前,需全面准备并准确传达带团资料、注意事项及应急预案给研学旅游指导师,确保研学团队顺利出行。

(6)研学团队行程结束后,对研学旅游指导师和司机的报销申请进行初步审核,并协助管理层或财务部门仔细核对账目,确保账目准确无误。

(7)及时响应客户咨询和询价,根据各线路成本的变化情况按日、月、季更新报价,确保报价与服务内容的一致性和准确性。

(8)保持与各业务部门的紧密沟通,收集、整理和分析反馈信息,并将其转化为实际行动和改进措施。

(9)为每个团队提供全方位的服务,包括出团前的温馨提醒、研学过程中的质量监控及结束后的回访和档案建立。

(10)持续关注行业动态,特别是收集和分析各类媒体广告中的研学市场信息,建立文档保存,并进行深入分析。

4.岗位发展

由于计调岗位重要且特殊,计调人员应注重经验积累,在夯实业务技能的同时学习企业管理知识,逐渐提高业务经营和团队管理能力,争取成为一名计调部经理。

知识拓展
▼

新入职的计调人员如何成长为一名优秀的计调人员?

知识训练

计调人员如何确保研学服务质量?

技能训练

小李刚刚加入某知名研学旅行企业,作为一名新入职的计调人员,他对旅游行业充满热情,但面对复杂多变的计调工作却有些手足无措。在一次大型团队游的组织过程中,天气突变导致航班取消,整个团队的行程面临重大调整。此时,作为该团队的计调人员,小李面临着巨大的压力。

问题:如果你是小李,你会怎么处理?一个合格计调人员应该具备哪些能力?

任务三　计调部门认知

任务导入

某研学旅行企业接待了一个来自外地的研学团队,老师和学生共计200人,其中包括一位年纪较大的老师,两位腿脚不便的学生。此研学团队计划前往某著名风景名胜区进行为期三天的研学活动,对研学服务有着较高的要求。

计调部门在接到研学团队预订信息后,首先详细了解了研学团队的具体需求,包括住宿偏好、饮食要求及行程中的特殊需求等。根据这些信息,计调部门制订了详细的行程计划,包括每天的研学线路、用餐时间、住宿地点及标准等,并特别标注了对特殊学生的照顾措施。

计调部门与当地的酒店、餐馆、车队等进行了充分沟通,确保所有服务都能按照研学团队的需求提供。例如,选择了配备无障碍设施的酒店,预订了适合老年人口味的餐食等。在签订采购协议时,计调部门特别关注价格的合理性和服务的可靠性,以确保研学团队能够享受到高性价比的服务。

在出发前一天,计调部门得知当地交通管制的信息,可能会影响研学团队第二天的行程,计调人员立即与相关部门联系,迅速调整了行程计划,将该路段改为步行或乘坐其他交通工具,确保研学团队能够按时到达各个研学点。在研学过程中,那位年纪较大的老师突然感觉身体不适,计调部门在接到研学旅游指导师的报告后,立即启动了应急预案,迅速联系了当地的医疗机构并安排了急救车辆。同时,计调人员还与研学团队成员保持密切联系,提供必要的帮助。

由于计调部门的及时响应和有效协调,这位老师得到了及时的救治,其他研学团队成员也深切感受到了研学旅行企业的关怀和专业能力。

(资料来源:根据网络资料改编)

思考:计调部门在研学活动的全流程运作中,具体承担着哪些不可或缺的职能与作用?

分析:此次研学活动的安排充分展示了计调部门在研学旅行企业中的重要作用。计调部门通过细致的计划制订、精准的服务采购、及时的行程调整和应急处理等措施,确保了研学活动的顺利进行和客户的高满意度。因此,在研学旅行企业的运营中,计调部门是不可或缺的重要部门。

任务重点

了解计调部门在研学旅行企业中的作用。

任务难点

掌握计调部门的基本职能。

任务实施

一、计调部门机构设置

（一）中小型研学旅行企业计调部门机构设置

中小型研学旅行企业的规模较小，在总经理下设计调部门，一般情况下计调部门有3~10名计调人员。通常在计调部门经理的领导下，分别从事不同的业务。中小型研学旅行企业计调部门机构设置如图1-1所示。

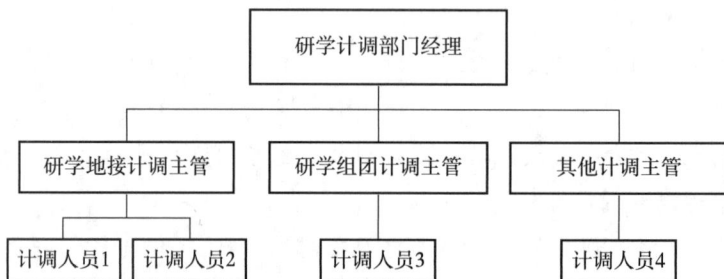

图 1-1　中小型研学旅行企业计调部门机构设置

（二）大型研学旅行企业计调部门机构设置

大型研学旅行企业计调部门机构设置比较复杂（图1-2）。与中小型研学旅行企业相比，大型研学旅行企业的计调部门业务分工更加细致，专业性更强。其机构设置通常为在总经理下设计调中心，计调中心又细分为出境部、接待部、国内组团部。一名计调人员通常负责几条线路，负责接听电话、报价、签约等工作。

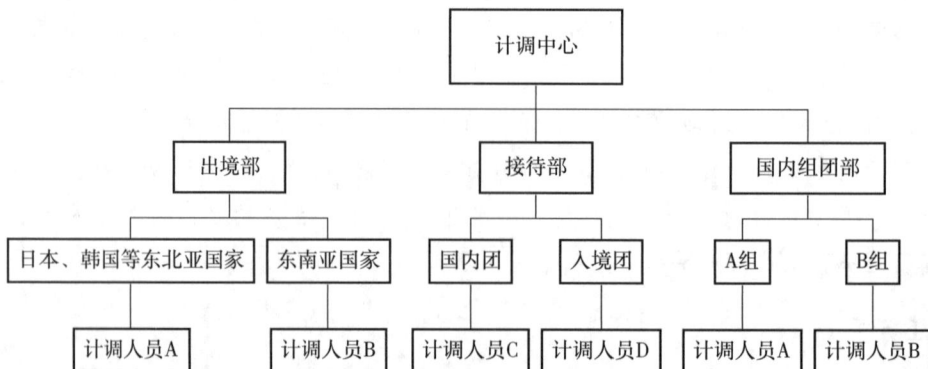

图 1-2　大型研学旅行企业计调部门机构设置

相比之下,大型研学旅行企业计调部门机构设置更合理、更科学,采用专人负责。中小型研学旅行企业计调部门机构设置则要相对混乱一些,常常出现衔接不畅的情况,不仅导致计调部门出现失误,还会给研学旅行企业带来损失。比较理想的计调部门机构设置应该是采用专人负责的模式。

二、计调部门岗位职责

(一)计调部门经理岗位及其职责

计调部门经理应明确自己的岗位职责,充分调动本部门工作人员的积极性,把本部门经营好、管理好。具体来讲,计调部门经理的岗位职责包括以下几个方面。

1. 经营管理计调部门

计调部门经营涵盖研学旅行企业的中长期规划、特色及优势产品策划等战略层面,同时深入具体团队运作,包括线路规划、组织调度、协调指挥及财务结算等。作为计调部门经理,首要职责是高效管理计调业务,激发每位员工潜能,确保战略落地与团队运作顺畅。

2. 制定实施部门规章制度

计调部门要进行经营活动,必须建立健全岗位责任制度。计调部门经理要根据本部门的实际情况,制定规章制度,把本部门各项事务落实到人,做到事事有人管、人人有专责、办事有标准、作业有程序、工作有检查,同时要确保规章制度具有可操作性和可执行性,以便本部门能够按照制度要求高效运作。

3. 编制计调部门工作规程

编制计调部门工作规程,需先熟悉业务,明确工作要求与目标,掌握作业流程,以及所需的人力、财力、物力等资源。另外,还要掌握编制工作规程的方法。工作规程应详细规定工作过程中的各环节数量、每个环节的具体内容,以及每项内容中的操作动作、沟通语言、办理手续、时限要求,还有与其他工作部门的衔接程序等。在日常管理工作中,经理只需确保大家的工作都遵循工作规程,整个部门便能顺利运转。

4. 掌握应用全面信息

计调部门在工作中接触面最为广泛,所掌握的信息也较为全面,因此,计调部门经理应做好研学旅行企业总经理的参谋。研学旅行企业总经理在决策时往往需要掌握全方位的资料,计调部门应做好信息的收集工作,随时为企业做出正确决策提供有力依据。

5. 审定本部门财务开支

研学旅行企业为了工作的方便,往往赋予计调部门经理一定的财务权力,包括审核、开支本部门的业务费用,有权对本部门财产进行报损,以及对员工给予奖惩等。当然,计调部门经理行使上述权力时,应以不影响研学旅行企业的全盘计划和能促进计调部门的经营管理为前提。

6. 培训选拔计调人员

计调部门经理有义务对本部门员工进行业务培训,使员工明确岗位职责,切实做好本职工作。此外,计调部门经理还应利用行政职权,对本部门业务人员进行奖惩,如升迁、奖励和处罚等,并报总经理批准。

(二)信息资料员岗位及其职责

(1)负责研学业务各种信息的收集、整理、归档。

(2)负责研学旅行企业计调业务工作的信息资料汇编下发、存档及使用。

(3)向研学旅行企业决策部门、计调部门经理提供所需信息、资料的分析报告。

(4)负责制作研学团队(研学者)情况报表,收集反馈信息,配合统计人员提供研学团队(研学者)的各项统计数据。

(三)计划统计员岗位及其职责

(1)负责具体编写全社年度业务计划。

(2)负责企业月度、季度接待任务预报及流量预报工作。

(3)汇总企业研学业务统计月度、季度报表,编写接待人数统计月度、季度报表。

(4)承接并向有关部门和人员分发各业务部门的研学团队(研学者)的接待计划。

(5)承接并安排各地研学旅行企业地方外联团的接待计划。

(6)负责向研学旅行企业决策部门、财务部门提供研学团队(研学者)流量、住宿、交通等多项业务统计及其分析报告。

(四)交通票务员岗位及其职责

(1)负责落实研学旅行企业研学团队(研学者)的机票、车票、船票等的预订工作,并及时将落实情况告知有关业务部门或人员。

(2)在接到各业务部门有关研学团队(研学者)人数、航班或车次等变更的通知时,及时与有关合作单位联系,处理好更改、取消事宜。

(3)负责计划外研学团队(研学者)的机票、车票、船票的代订业务,并根据委托代办的要求办理机票、车票、船票订座或再确认事项。

(4)根据组团客户的要求或研学团队的人数规模,负责办理申请包机手续,代表计调部门签订包机运输协议书,并将情况转告有关业务部门,落实好具体衔接工作。

(5)办理本社陪同研学旅游指导师和外地组团社全陪的机票、车票、船票代订工作。

(6)负责与合作单位做好研学团队(研学者)票务方面的财务结算工作。

(五)订房业务员岗位及其职责

(1)代表计调部门负责与酒店洽谈房价,签订订房协议书。

（2）根据接待计划或客房预订单，为研学团队（研学者）及陪同人员预订客房。

（3）负责客房预订的变更、取消事宜。

（4）负责包房的使用、销售、调剂工作。

（5）制作研学团队（研学者）客房流量表及其单项统计。

（6）协同财务部门做好研学团队（研学者）客房的财务核算工作。

（六）内勤人员岗位及其职责

（1）代表计调部门负责与餐馆、车队就研学团队（研学者）的用餐、用车事宜进行洽谈，选择理想的合作对象并与其签订合作协议书。

（2）根据接待计划，为研学团队（研学者）安排订餐、订车，并负责处理用餐、用车预订的变更、取消事宜。

（3）负责宴请、大型招待会、冷餐会等活动的具体落实与安排。

（4）负责研学团队（研学者）文艺节目票的预订，对于专场演出，要事先落实安排好包括文艺团体的专场演出费，以及演出日期、时间、地点等事项，并与本社业务部门做好文艺票的交接工作。

（5）负责落实参观、访问、拜会等特殊要求的安排。

三、计调部门岗位人才现状

在研学旅行这一蓬勃发展的领域，计调部门作为连接行程规划、资源调配与服务质量保障的核心部门，其人才现状成为影响行业进一步发展的关键因素之一。目前计调人才存在以下几方面的问题。

（一）计调人才供不应求

随着研学行业的快速发展，研学旅行企业的竞争和市场分化日益加剧。当前，计调人才供不应求的现象尤为突出，随着市场需求的急剧增长，高素质、专业化的计调人才成为各大研学旅行企业竞相争夺的稀缺资源。这一现状不仅反映了行业发展的迅猛势头，也暴露出计调人才培养体系尚不完善的问题。

（二）计调人才缺乏系统化的职业培训

值得注意的是，计调人才短缺并非单纯的数量不足，更在于质量上的参差不齐。由于缺乏系统化的职业培训，许多计调人员在专业知识、业务技能及服务意识上存在明显短板，难以满足研学旅行高品质、个性化服务的需求。这种低水平、浅层次的竞争态势，不仅限制了企业的创新能力，也加剧了市场的不规范运作，影响了行业的整体形象。

（三）计调人才的培养渠道不畅

纵观我国研学旅行企业计调人才的培养模式，主要有自主培养和院校培养两种。

自主培养虽能紧密结合企业实际,但因缺乏系统性和专业性,不能很快地为企业创造价值,不是计调人才成长的最佳途径;在院校培养方面,由于研学旅行计调专业尚未普及,毕业生往往理论有余而实践不足,难以迅速适应岗位需求。

(四)行业内缺乏统一的国家级计调业务操作流程和服务标准

行业内缺乏统一的国家级计调业务操作流程和服务标准,导致各企业在实际操作中各行其是,容易出现超范围经营、服务质量良莠不齐等问题,这不仅损害了消费者权益,还给企业带来了法律风险甚至是经济损失。因此,建立健全计调人才培养体系,制定统一的国家级计调业务操作流程和服务标准,已成为研学旅行行业亟待解决的重要课题。

四、计调部门岗位人才优化

(一)创造计调人才发展的机制和环境

只有满意的员工,才有满意的顾客。研学旅行企业应该建立健全针对计调人员的有效激励机制,从而为研学者提供更优质的服务。对于表现出色的计调人员,研学旅行企业应将其树立为榜样,做好宣传工作。为计调人员创造一个良好且稳定的工作环境,以增强其责任心和归属感,激励计调人员不断自我完善,推动计调服务向更高水平发展。

(二)出台国家级计调业务操作规范和质量标准

目前,我国关于研学旅行企业的服务规范中,尚未出台专门针对研学旅行企业计调岗位的标准和条例。国家有关行政管理部门应该会同专家学者,尽快制定完善的计调业务操作规范和质量标准,使计调工作有法可依,更加标准化、规范化。

(三)推进研学企业计调管理体制改革

建议由国家相关主管部门负责计调职业资格和职称晋升标准的制定、职业技能鉴定及证书颁发工作,并参与制定培训机构资质标准、计调岗位从业人员资格标准和培训教材。各级研学职业技能鉴定所(考试中心)具体负责职业技能鉴定和职称晋升的评审工作,并联合相关高等(职)院校做好职业培训工作。

(四)增设研学旅行企业计调专业课程

在条件成熟的研学职业院校尽快开设研学旅行企业计调专业,系统培养专业化、实用型计调人才,一方面拓展学生的就业渠道,另一方面满足研学旅行企业对实用型计调人才的强烈需求。

五、计调部门基本职能

计调部门是研学旅行企业内部的核心部门之一,主要负责研学旅行产品的策划、设计、执行,以及整个研学过程中的协调与调度工作。计调部门的基本职能归纳如下。

（一）产品设计与开发

1. 市场调研

根据市场需求、客户偏好及研学趋势,进行市场调研,收集和分析相关数据。

2. 线路规划

根据调研结果,设计符合市场需求的研学线路,包括目的地选择、线路规划,以及住宿、餐饮、交通等具体安排。

3. 产品优化

不断优化和更新研学旅行产品内容,提升产品的吸引力和竞争力,以满足客户日益多样化的需求。

（二）成本核算与定价

1. 成本核算

详细核算研学旅行产品的各项成本,包括交通、住宿、餐饮及研学旅游指导师服务等方面的费用。

2. 定价策略

综合考虑成本、市场需求、竞争环境等因素,制定合理的产品定价策略,保障研学旅行企业的盈利空间。

（三）供应商管理

1. 合作关系建立

与酒店、航空公司、景点等供应商建立长期稳定的合作关系,争取获得最优惠的价格和优质的服务。

2. 服务质量监控

定期评估供应商的服务质量,确保所提供的服务符合研学旅行企业的要求和标准。

3. 合作协议签订

与供应商谈判并签订合作协议,明确双方的权利和义务,维护研学旅行企业的利益。

（四）线路安排与执行

1. 线路规划

根据研学旅行产品的具体内容,详细规划每日线路,确保活动顺利进行。

2. 资源调度

协调供应商资源,妥善安排航班、住宿、餐饮、研学旅游指导师等具体事项,确保研学团队顺利出行。

3. 应急处理

在研学过程中遇到突发事件时,迅速做出响应并妥善处理,保障研学者的安全,提高其满意度。

(五)客户服务与反馈

1. 出行前咨询

为客户提供出行前的咨询服务,耐心解答客户的疑问和顾虑。

2. 线路介绍

向客户详细介绍研学线路的具体内容和注意事项。

3. 投诉处理

及时处理客户的投诉和反馈,维护研学旅行企业的声誉和客户关系。

(六)数据管理与分析

1. 资料归档

整理并归档相关资料,便于日后查阅和分析。

2. 数据分析

对研学旅行产品的销售数据、客户反馈等信息进行统计和分析,为产品优化和市场策略调整提供依据。

(七)其他职能

1. 研学电子商务管理

负责公司研学电子商务平台的运营和管理,包括产品上架、订单处理、客户服务等。

2. 网络建设与管理

负责研学旅行企业内部网络的建设和维护工作,确保信息系统的正常运行和数据安全。

综上所述,研学旅行企业计调部门的基本职能涵盖产品设计与开发、成本核算与定价、供应商管理、线路安排与执行、客户服务与反馈、数据管理与分析及其他职能等多个方面。计调部门是确保研学旅行企业业务顺利开展和持续发展的关键部门。

知识训练

计调部门在研学旅行企业中的作用有哪些?

技能训练

请调查一家研学旅行企业,了解其计调部门的机构设置情况,你认为理想的计调部门机构设置应是怎样的?

项目小结

本项目从多维层面深度剖析计调工作。在基础认知层面,追溯计调工作源起,梳理其发展演进脉络,剖析其在旅游及相关产业生态中的核心定位与独特价值,为研究搭建坚实的理论框架。继而深入探讨具体岗位角色,解析计调人员在资源调配、行程规划等环节的关键作用。同时,针对素质培养,构建涵盖专业技能、应变能力等多维度的培养体系。此外,研究还涉及部门设置模式、岗位职责规范,并剖析人才发展现状与未来趋势,综合提炼出计调部门统筹协调、资源整合、服务保障等整体职能,为行业实践与理论研究提供参考。

项目二
研学旅行地接计调业务实操

知识目标

1. 了解研学旅行地接计调在研学旅行基地(营地)、住宿、餐饮、交通、本省地图等方面的基础知识。

2. 熟悉本地研学旅行产品设计、开发的原则和方法。

3. 明确地接服务的采购方法。

4. 熟悉研学旅行产品定价、报价的方法。

5. 掌握国内地接计调的工作流程。

能力目标

1. 能够独立建立研学旅行地接信息资源库。

2. 能够设计研学旅行产品。

3. 能够及时采购各种地接服务。

4. 能够对所设计的研学产品进行定价和报价。

5. 能够胜任接待计调岗位工作。

素质目标

1. 培养学生爱岗敬业、细心踏实、勇于创新的职业精神。

2. 培养学生的知识应用能力,能够将所学知识应用到实际工作中。

3. 培养学生的科学精神,帮助学生树立正确的世界观、人生观、价值观。

思维导图

研学旅行地接计调业务实操

- 研学旅行地接计调知识准备
  - 研学旅行基地（营地）知识
  - 住宿知识
  - 餐饮知识
  - 交通知识
  - 本省地图知识
- 研学旅行产品设计
  - 研学旅行产品设计原则
  - 研学旅行产品设计流程
- 研学旅行地接计调采购业务
  - 住宿服务采购
  - 交通服务采购
  - 餐饮服务采购
  - 研学旅行基地（营地）服务采购
  - 其他服务采购
  - 变更后的采购
- 研学旅行产品报价
  - 研学旅行产品价格构成
  - 研学旅行产品报价流程
- 研学旅行地接计调操作流程
  - 研学前的工作流程
  - 研学中的工作
  - 研学后的工作

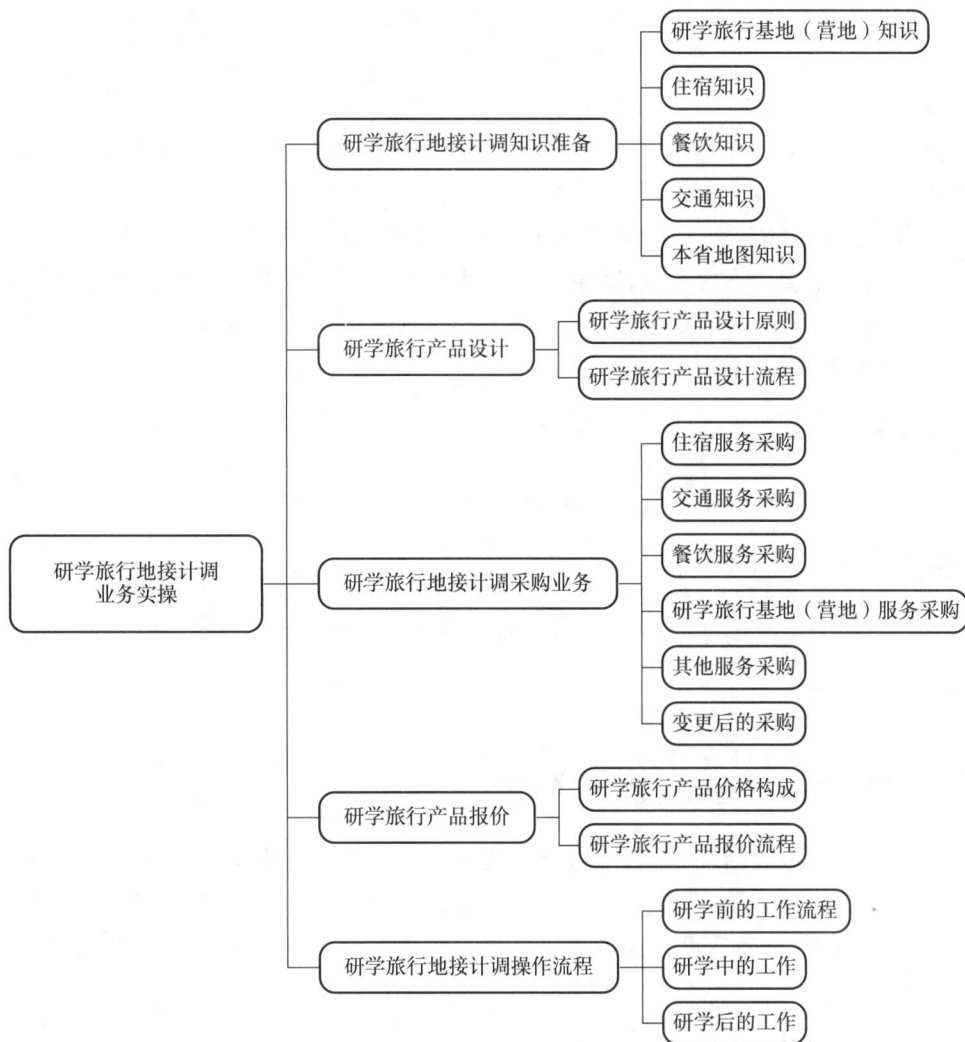

任务一　研学旅行地接计调知识准备

任务导入

　　一家致力于打造深度文化探索体验的研学旅行企业，精心策划了一场面向北方某城市中学生的"穿越千年水乡"研学旅行活动。此次活动并非一次普通的旅行，而是一场跨越时空界限的文化探索之旅，在为期五天的行程里，学生们将全方位、多角度地感

Note

受并领略江南水乡的独特魅力,深入了解其深厚的历史文化底蕴、精巧绝伦的古建筑艺术、精湛绝妙的传统手工艺,以及丰富多彩的民俗风情。本次研学旅行通过实地考察、专业导师的深入讲解、学生亲自动手的互动体验,以及一系列精心策划的文化活动,全方位提升学生的文化素养、历史认知水平和实践能力。

思考:假设你是这家研学旅行企业的资深计调人员,为确保"穿越千年水乡"研学旅行活动能够成功开展并让学生获得深度体验,应全面掌握并灵活运用哪些方面的知识?

分析:作为资深计调人员,需全面掌握江南水乡的历史文化、古建筑特色、传统手工艺及民俗风情等方面的知识,精通活动策划与执行流程、教育资源整合方法、安全风险管理策略,以及具备较强的沟通协调能力。通过灵活运用这些知识,确保活动内容丰富、教育意义深远,为学生提供一次难忘的深度文化探索之旅。

任务重点

理解研学旅行地接计调人员应掌握的知识范围。

任务难点

灵活运用相关知识,完成研学旅行活动相关计调工作。

任务实施

一、研学旅行基地(营地)知识

在研学实际教育活动中,研学旅行基地(营地)是重要的载体和平台,发挥着重要的作用。自2017年以来,教育部以中央专项彩票公益金中小学生校外研学实践活动项目资金支持营地、基地建设。为做好研学旅行计调工作,应掌握研学旅行基地(营地)相关知识。

(一)研学旅行基地(营地)的定义

2019年发布的《研学旅行基地(营地)设施与服务规范》为研学旅行基地(营地)建设提供了标准,包括基地创办原则、基本设立条件和要求、教育与体验、设施与服务、安全管理及合格认定。其中,研学旅行基地(营地)是指自身或周边拥有良好的餐饮住宿条件、必备的配套设施,具有独特的研学旅行资源、专业的运营团队、科学的管理制度以及完善的安全保障措施的场所,该场所能够为参加研学旅行的学生提供良好的学习、实践、生活环境。

(二)研学旅行基地(营地)的类型

目前,研学旅行与自然生态、国防科技、传统文化及乡村劳动等结合,呈现出多种研学旅行基地(营地)类型,构成了研学旅行市场重要的产品体系。

1."研学+文化"

我国历史悠久,文化资源丰富,各类文化类研学目的地众多。在每年参加文化类研学活动的青少年学生中,选择传统文化型、红色文化型、民族文化型研学旅行项目的占绝大多数。

(1)传统文化型。

传统文化型研学旅行基地(营地)充分挖掘本地有价值、有特色的传统文化,集中在语言、文学、历史、思想等领域,具有较强的地域属性。

传统文化型研学旅行基地(营地)的建设模式包括:由政府平台主导兴建,如曲阜孔庙、绍兴三味书屋等;以企业主导开发,打造以传统文化为核心的研学小镇。

(2)红色文化型。

以红色文化为主题的研学活动是文化类研学活动中的重要组成部分。我国红色文化教育基地多集中在革命老区,主要属于公建类市政工程,由政府负责主导建设。

(3)民族文化型。

我国少数民族众多,文化资源丰富。能够开展多民族研学教育的场所主要以大型园区形式呈现。这些园区不仅是开展研学教育的重要阵地,也是区域内的地标性景区。园区内部一般设有民族博物馆、展览馆、少数民族村寨等,经常举办具有少数民族特色的民俗节庆等活动。

2."研学+农业"

(1)农业研究型。

农业研究型研学旅行基地(营地)以参观游览、知识讲解为主要活动内容,通过直接观察现代农业的相关生产生活,进行农业知识科普教育。活动场所多以农业生产型基地为主,在生产种植的基础上,开展研学旅行。

(2)田园体验型。

田园体验型研学旅行基地(营地)将生态农业与休闲观光相结合,让青少年亲身参与农业生产活动,在实践中学习、在体验中游玩,在轻松愉快的氛围中接受农业知识科普教育。田园体验型研学旅行基地(营地)以旅游活动为主、农业种植为辅,除了农业种植板块,还配套建设了农产品加工与交易、购物、游玩、手工体验、居住、餐饮及教育等多种区域。

3."研学+工业"

工业研学旅行基地(营地)包括工业园区、工业城、高新技术园区及高新技术企业等。由于国防科工研学具有很强的知识性,在开发的过程中,需要将生产、观光、体验融为一体,充分开发观光之外的参与体验项目和课程。

🔍 行业观察

中国制造　智慧出行

宇通客车股份有限公司是中国客车行业上市公司（SH.600066），集客车产品研发、制造与销售于一体，产品主要面向公交、客运、旅游、团体、校车及专用出行等细分市场。截至2020年底，宇通累计出口客车超70000辆，累计销售新能源客车约140000辆，大中型客车连续多年畅销全球。

宇通工业研学基地于2019年9月正式接待，覆盖宇通新能源工业园和宇通重工工业园，其中新能源工业园区以生产节能与新能源客车为主，是行业内知名的新能源客车生产基地。

（资料来源：宇通工业研学微信公众号）

4."研学+科技"

科技研学旅行基地（营地）主要是通过VR、AR、3D/4D等高科技手段进行静态展示或科技体验，通过展示与体验实现科技教育的目的。一般科技研学旅行基地（营地）主要包括展馆类、科研类和园区类。其中，展馆类主要以知识普及类博物馆、科技馆为主，具有占地面积较小、投资金额适中、内容灵活、复制性强等特点；科研类主要依托高科技企业、科研单位的实验室、生产工厂，复制性差；园区类则主要以动物园与植物园为载体，科技含量相对较低，占地面积较大。

（三）研学旅行基地与研学旅行营地的区别

在研学实践教育活动中，研学旅行基地与研学旅行营地的作用是十分关键的，二者功能与定位既有明显的区别，又有着紧密的联系。梳理清楚两者的关系有助于更好地构建研学实践教育工作体系。具体来看，两者的区别主要体现在以下几方面。

1. 场所功能

研学旅行基地是为中小学生研学旅行提供研学实践教育活动的场所。

研学旅行营地是为中小学生研学旅行提供研学实践教育活动和集中食宿的场所。

2. 场所面积

研学旅行基地具有足够容纳200人及以上的室内或半封闭教学场所；配有必要的教学用具、仪器，这些教学用具、仪器性能良好，检验合格，无安全隐患。

研学旅行营地用于教学的总建筑面积不低于10000平方米；设有室内室外实践教学、运动体验场馆，场馆功能分区明显，主题鲜明；配有教学仪器、体育锻炼器材、手工劳作工具等，这些教学仪器、体育锻炼器材、手工劳作工具性能良好，检验合格，无安全隐患。

3. 餐饮设施

研学旅行基地具备同时容纳200人及以上用餐的场地。

研学旅行营地拥有学生食堂,实行营养配餐,用餐卫生、方便快捷;提供绿色、环保、舒适的餐饮桌椅,无安全隐患,满足一次接待200人的用餐需求。

4. 住宿设施

研学旅行基地无住宿设施。

研学旅行营地保证选址科学,布局合理,便于集中管理,营地宿舍满足一次接待200人的住宿需求;野外露营点应选址科学合理,帐篷搭建安全规范并设警示区。

5. 课程资源

研学旅行基地具备开展研学实践所需的资源与接待条件,有至少一类特定的主题资源,适合中小学生前往开展研究性学习和实践活动。

研学旅行营地具备开展研学实践所需的资源与食宿条件,具有多样化的教育设施设备和实践活动课程,能够独立组织实施中小学生团体研学旅行活动,并为其提供集中食宿和交通等服务。

6. 教学人数

在研学过程中,研学旅行基地按1:15配备教学服务人员。

在研学过程中,研学旅行营地按1:20配备研学指导人员;具有入营教育、求生救护教育、生态环保教育和结营仪式等完整的研学流程。

二、住宿知识

在充分了解研学旅行基地(营地)基本情况的基础上,为做好计调工作,研学旅行计调人员必须掌握住宿方面的基本知识。研学团队在住宿安排上存在差异,有的团队选择入住酒店,有的选择入住研学旅行基地(营地)的住宿设施。

(一)掌握本地及主要研学旅行基地(营地)附近住宿设施相关信息

如果研学团队行程中的研学旅行基地(营地)内有住宿设施,那么在条件允许的情况下,最好选择在基地(营地)内住宿;如果行程中的研学旅行基地(营地)内没有住宿设施,那么可选择附近酒店作为住宿场所。

研学旅行计调人员要熟悉本地主要研学旅行基地(营地)附近的主要住宿设施情况,掌握其具体位置、可容纳人数、建设标准、硬件设施情况、服务项目、服务质量、竞争情况、各季节的价格及变化情况,以及与机场、火车站、高速路口和研学旅行基地(营地)的距离,并能据此估算车程。酒店或基地(营地)联系人、联系电话应记录准确,确保能随时取得联系。

(二)考察住宿设施

1. 看外观

考察住宿设施是单体建筑还是复合体建筑,是低层建筑还是高层建筑,有无延伸出来的外厅,以及停车场距离远近、面积大小等。

2.看周围环境

研学旅行基地（营地）内的住宿设施一般依照行业相关规范建设，设施齐全，且周围环境应有利于中小学生研学旅行活动顺利开展。然而，由于酒店周围的环境变化可能较大，研学旅行计调人员需熟悉本地主要研学旅行基地（营地）附近酒店的具体环境情况。例如，酒店是位于闹市区还是郊区，与研学旅行基地（营地）的距离远近，交通是否便捷，以及酒店是否设有餐厅或者与就餐场所的距离等。

3.看接待大厅

考察接待大厅面积的大小，能同时容纳多少名学生办理住宿；前台服务人员的整体形象、业务素质如何；大厅环境是否整洁等。

4.看客房

客房考察内容如下：客房规模，共有多少间可供中小学生入住的客房；高楼层的住宿场所，通往客房的电梯共有几部，能同时运送多少名学生；电梯的档次高低，运行速度快慢；同一层楼共有多少间客房；客房外楼道宽窄和高矮；消防通道是否通畅；客房面积大小；客房内床的尺寸；客房内布局是否便于中小学生入住；客房卫生状况等。

5.看房源和价格

了解住宿设施的经营情况，不同季节和时间房源情况，以及价格水平。

（三）针对不同研学团队需求合理安排住宿

不同的研学团队在住宿方面的需求也不同。计调人员应掌握研学团队特征，如学生年级、学生人数、随行教师人数、男女生比例、费用标准等，并根据研学团队需求，安排合适的住宿场所。

三、餐饮知识

"食"是研学活动的基本要素之一。通过"食"，不仅能满足中小学生的基本饮食需求，补充体力，还能品尝特色菜肴、了解饮食文化，更能在就餐过程中学习餐桌礼仪。因此，研学旅行计调人员应掌握餐饮相关知识。

（一）掌握本地及主要研学旅行基地（营地）沿线餐饮业情况

研学旅行计调人员应了解本地主要研学旅行基地（营地）沿线餐饮服务业的分布情况，具体包括有哪些餐饮企业及其规模如何、餐厅提供哪些特色餐品、就餐环境是否舒适、服务质量如何、停车是否方便等。

（二）考察就餐场所

由于参与研学旅行活动的大多为中小学生，人数多、年龄小，所以就餐环节的安排尤其要慎重，应挑选适合中小学生团队用餐的场所。

1. 看周围环境

餐饮场所邻近闹市区还是郊区,附近停车是否方便,学生从停车场至餐厅的路途是否顺畅,以及是否存在较大安全隐患。

2. 看外观及内部环境

餐饮场所是低层建筑还是高层建筑,餐厅是否设在一楼,进入餐厅是否必须乘坐电梯等。研学团队人数较多,若需乘电梯则会增加组织难度和降低就餐效率,因此应选择位于低楼层的餐厅。餐饮场所内部环境是否干净明亮、精心装修,这些都会在很大程度上影响团队就餐体验。

3. 看经营情况

餐饮场所的主要目标客户群体是哪些,是否有较多社会人士就餐,经营是否有淡旺季,早中晚餐是否均有提供等。研学团队就餐应尽量安排在安静、没有太多社会人士同时就餐的场所,以便于组织管理。早餐和晚餐应安排在住宿场所内或距离住宿场所较近的位置,尽量减少因用餐组织学生上车、下车、排队的次数,以节约时间并减少安全隐患。

4. 看规模及容量

餐饮场所规模如何,服务人员数量多少,能同时容纳多少人就餐,餐桌大小及每桌可安排多少名学生就餐。一般的餐桌标准为8人或10人。研学旅行计调人员应掌握本地不同规模及容量的餐饮场所情况,以便根据研学团队人数选择最合适的场所。

5. 了解服务质量

就餐是研学旅行途中的重要环节,此环节会影响学生的综合体验,因此,研学旅行计调人员应通过各种途径了解餐饮场所的服务质量情况,以确保研学旅行活动顺利开展并提升学生综合满意度。要想了解服务质量,可现场考察服务人员数量、服务人员形象、服务人员工作效率等,可与餐饮场所负责人面谈,了解服务准则、服务文化等,也可通过同行评价、网络评价等从侧面了解。

6. 看餐标、菜单

团队餐价格直接影响研学旅行总成本,团队餐菜品安排和菜肴质量也影响研学团队综合满意度。研学旅行计调人员应详细了解餐饮场所的餐标和菜单,应亲自试吃,品尝菜品味道和检验菜肴质量。研学旅行计调人员还应了解餐厅特色菜,是否有本地风味餐,以及特色菜和风味餐口味如何,是否适合学生团队食用。研学团队以学生为主,不同年龄段学生生理状况不同,团队餐菜品安排应以清淡为主,避免过咸、过辣等,以防学生食用后出现身体不适。此外,应了解餐厅是否能为特殊人群安排单独用餐,如研学团队中有学生或随行教师为回族等有特殊饮食需求的人员,则应单独安排。

7. 看安全卫生情况

饮食安全是研学旅行活动顺利组织的重要保障,研学旅行计调人员应高度重视餐饮场所安全和卫生情况，要尽可能选择卫生标准最高、安全隐患最少的餐饮场所。

案例启示

在研学旅行中，最重要的是安全。安全责任重于泰山，安全是一切活动的基础，安全是最终的落脚点。饮食是研学旅行途中的重要环节，饮食安全尤为重要。研学旅行计调人员在团队就餐安排上，应高度重视，在就餐场所选择上，应高标准、严要求。

思考：作为研学旅行计调人员，应如何有效预防并处理研学途中的食品安全事故？

四、交通知识

在研学旅行中，交通的任务是解决中小学生在学校与研学旅行基地（营地）之间往返、从一个研学旅行基地（营地）到另一个研学旅行基地（营地）的问题。研学旅行计调人员应掌握主要交通工具的乘坐规范、使用要求及交通安全防范等相关知识。

（一）合理安排交通工具

考虑到距离、研学旅行基地（营地）位置、学生人数、交通工具便利性等原因，省内研学常用的交通方式为公路运输，所乘坐的交通工具为汽车。

（二）掌握本地交通情况

研学旅行计调人员应主要掌握本地交通的运行情况、研学行程经过地区的交通情况、研学旅行基地（营地）内的交通情况。具体而言，计调人员应了解本地有哪些旅游运输公司，各公司的车型及价格如何，掌握旅游运输公司的联系人姓名及联系电话，以及驾驶员的基本信息等。此外，对于研学行程沿途的高速路口、加油站、汽车维修站、公共厕所的分布情况，计调人员也应做到心中有数。

（三）熟悉本地旅游车的车型和计价方法

研学旅行计调人员在为研学团队设计行程时，公路交通是不可缺少的一个重要组成部分，计调人员只有对公路交通非常了解，才能驾轻就熟地安排团队，准确核算出团队的成本。省内研学，一般选择公路运输方式，因此，计调人员需依据团队人数，安排适配的旅游车车型。不同车型的旅游车的载客人数、车内环境、乘坐感觉、租赁价位有所不同。在实际操作中，旅游常用车型的计价方法有两种：一种是根据运行里程来计算租赁价格；另一种是根据运行时间来计算租赁价格。

（四）掌握交通预订、核对及变更方法

研学旅行计调人员应根据研学团队的行程计划和要求，向旅游运输公司预订车

辆,并逐项核对日期、出发及返回时间、车辆数、车辆型号、座位数、租赁价格等内容。预订后,如因行程计划变更造成乘客人数增加或减少、行程计划取消等情况,需要增减旅游车数量,计调人员应及时与旅游运输公司联系变更事宜,保证研学团队能够按计划乘车,同时减少研学机构的经济损失。

五、本省地图知识

研学旅行计调人员要掌握一定的地图知识,养成使用地图的好习惯。在制定研学旅行行程时,要学会使用政区图和交通类地图,便于了解各个研学旅行基地之间的空间位置和方位,使制定的行程更加合理;在介绍旅行线路时,要学会使用线路图,使学生对整个研学活动的走向有清楚的认识;在为学生介绍研学旅行基地时,要学会使用基地导览图,便于学生知道该基地各项设施分布情况;在研学手册、行程表等资料中,最好附上相关地图,这样既方便工作人员使用,也有助于提升学生地理方面的素养。

知识训练

1.研学旅行基地(营地)的类型有哪些?

2.简要说明研学旅行计调人员在选择住宿场所和就餐场所时,应重点考察哪些方面。

技能训练

查找相关资料,理清本省的研学旅行基地(营地)名单,并根据所学知识对其进行恰当分析。

任务二　研学旅行产品设计

任务导入

整合省内的研学资源,设计研学旅行产品,具体情况如下:

(1)研学旅行时间:季节不限,5~7天。

(2)研学旅行主体:某实验中学初二学生,共200人。

(3)研学旅行类型:人文历史类。

(4)研学旅行接待:等次不限。

(5)研学旅行线路:体现产品特色、服务标准。

思考:根据要求,应如何设计研学旅行产品?

分析:根据特定情境设计研学旅行产品,有以下两方面的要求。

（1）知识要求：了解不同类型研学旅行产品的特点，掌握研学旅行产品设计的原则，熟悉研学旅行产品设计流程。

（2）能力要求：能够结合研学旅行主题的要求与研学旅行时间，整合研学资源，设计研学旅行产品。

任务重点

研学旅行产品设计流程。

任务难点

结合研学旅行主题，设计研学旅行产品。

任务实施

一、研学旅行产品设计原则

研学旅行产品是为研学者提供的一系列的服务。研学旅行产品设计的原则是指对研学旅行产品所包含的事实、原理、情感、经验及学习环境中非预期性的知识、态度、价值观等方面进行设计时所坚持的准则，一般包括教育性原则、个性化原则、安全性原则、融合性原则、体验性原则、生活性原则、整体化原则。

（一）教育性原则

研学旅行产品设计必须把教育性原则放在首位，研学旅行课程要结合学生的身心特点、接受能力和实际需要，注重系统性、知识性、科学性和趣味性，要充分考虑课程目标、课程资源、课程活动环节选择的教育性，确保课程内容安排遵循教育规律，致力于培养学生的社会责任感、创新精神和实践能力。只有把教育性原则放在第一位，才能实现"行有所研，研有所获"。

（二）个性化原则

研学旅行产品设计要充分考虑参与学生的基础知识、兴趣爱好等实际情况，为不同类型的学生设计不同的课程内容与教育方法，充分尊重学生的主体地位。

（三）安全性原则

研学旅行产品的安全性是开展研学旅行活动时必须重点考虑的因素。研学旅行作为校外活动，其活动范围广、开放性强，加上中小学生安全意识薄弱，集体出行管理难度大，诸多不可控因素使得研学旅行活动在开展过程中难免存在安全隐患，如走散、摔伤、踩踏等安全事故时有发生。因此，研学旅行产品设计必须充分考虑安全因素，选择安全的目的地，设计安全性高的研学活动课程，制定切实可行的安全措施及必要的应急预案，以确保研学旅行全过程每个环节的安全性。

（四）融合性原则

研学旅行产品内容本身超越了学科边界，融合了多种学科领域，其融合性决定了在课程目标制定、资源开发与选择、研学内容和活动环节设置上都需要着重强调融合性。在研学旅行产品设计时，充分调动学校周边资源进行有效整合，不仅要注重校内和校外资源的整合、多学科和跨学科的融合、学科课程和实践活动的结合，还要注重课程内容选择的多样性和丰富性，以充分发挥研学旅行产品综合实践的功能。

（五）体验性原则

研学旅行课程改变了传统课程教学模式，以学生活动、动手操作、共同讨论、合作探究为主要形式。其一，空间上的实践性。通过自然环境、社会生活、工业生产等元素营造的空间情景，因地制宜，让学生在真实场景中感受、认知和探究，从而亲近自然、了解社会、认知自我。其二，内容上的实践性。根据不同学段的研学旅行产品目标，有针对性地设计自然、历史、科技、人文等各类体验活动，让学生参与实践，在实践中去感受、感悟和探究。

（六）生活性原则

研学旅行是课堂教学和生活教育相衔接的综合性课程。在进行研学旅行产品设计之前，要结合中小学生的身心特征、兴趣爱好和课堂基础知识等，根据中小学不同学段的教育目标，系统规划研学旅行产品的目标体系。引导学生通过观察来贴近生活、感受生活，进而激发学生对生活的兴趣，让他们在生活中开阔视野、增长知识、丰富生活经验。同时，鼓励学生通过思考和探究，将研学体验融入各门课程的知识体系中，加强相关科目之间的联系和渗透，促进书本知识和生活经验的深度融合。

行业观察

池塘捉鱼、下田种地，田间地头变课堂！暑期乡村研学游火爆

在课堂上，书本是学生学习知识的"天地"，而在研学中，天地自然变成学生的"书本"。这个暑期，许多学生走进乡村、亲近自然，开启了池塘捉鱼、下田种地的研学旅行。

在成都市新津区的一处研学旅行基地，一些学生正在池塘里捉鱼，这是他们的课程之一，学生特别享受这样的课程。

位于成都市郊月花村的一家研学旅行营地，依托农田、池塘、树林、果园、河流等生态资源，做起了以生态文明和农耕文化为主题的研学教育项目。

成都市某研学实践营地项目负责人表示，体验油菜花的种植、榨油，以及稻谷的种植和收割，让学生从小就具备农耕文化的情结，喜爱农村，热爱"三农"。

在水稻科研基地，研学的孩子们对水稻种植过程充满好奇，拉着农业专

家问个不停。在四川省兴文县,孩子们刚学会苗寨的竹竿舞,又在研学导师的带领下寻找化石。

田间种地、下水捉鱼、观赏民俗表演、探秘地下溶洞……乡村自然主题的研学,让孩子们有了不一样的收获和感悟。

（资料来源:央视财经）

（七）整体化原则

在进行研学旅行产品设计时,应慎重选择构成研学旅行产品的各个环节,并对其进行科学合理的优化组合。研学旅行产品设计是一项系统工程,在研学旅行产品设计中,须遵循整体化原则,以整体的思路,对所有产品的设计、实施、评价及其相关因素与条件进行整体构建,在时间、内容、总体目标、形式方法上进行全面的规划,注重各种活动形式的有机结合,并综合运用各种教学方法和手段。整体的目标应当阶段化,使得目标更加清晰并具有可操作性,从而提升课程的整体价值,推动学校与学生的最优发展。

二、研学旅行产品设计流程

研学旅行产品设计是根据研学旅行服务的对象和课程目标,确定合适的起点与终点,将研学旅行课程诸要素有序、优化安排,形成具有可操作性方案的过程。在这个过程中,教育者以研学课程理论为基础,遵循研学旅行规律的要求和目的地资源的特点,运用一定的教学方式和方法,结合学生的实际情况确定研学旅行产品目标。根据这一目标准备研学内容,并对其进行计划、组织、实施、评价、修订等,以达成研学旅行产品目标。研学旅行产品设计是保障研学活动有序开展、实现教育价值的前提和基础。

一个好的研学旅行产品设计,必须始终以学生为中心,坚持校内与校外相结合、研究性学习与旅行体验相结合,通过开发、实施实践活动,围绕真实情景中的问题展开探索,激发学生主动学习与主动思考,如此才能呈现良好的教育效果,丰富学生的学习体验,培养学生的核心素养,实现综合实践育人的价值和目标。研学旅行产品设计具体流程如下。

（一）明确研学旅行目标

研学旅行产品以研学为目的、以活动课程为载体,致力于通过开展各种活动和学生的亲身体验,实现研学教育综合育人的目的。

（二）确定研学旅行活动主题

作为人才培养的创新模式,研学旅行活动要注重学生的实践性,打破学校、学科、教材知识的局限,密切联系现代科学技术和社会发展,向自然环境、学生的生活领域和社会活动领域延伸。

1. 以学生为主体

研学旅行要以学生为主体,鼓励学生基于自身兴趣,从自然、社会和自我真实生活中发现问题,并将其转化为活动主题。这样的主题能够进一步激发学生解决问题的兴趣,为学生持续参与解决问题提供了动力。在研学旅行中,学生自主解决身边的真实问题,有助于他们将所学知识灵活运用,使学科知识得到延伸、综合与重组,这能提升学生的学习自信心,使其学到真本领,养成应用所学知识解决问题的好习惯,从而形成良性循环。

在选择活动主题时,要充分考虑学情,针对不同学段的学生安排不同知识难度、知识深度、技能水平、综合程度等的主题活动,如表2-1所示。

表2-1　不同学段推荐研学活动目标价值

目标	小学4~6年级	初中1~2年级	高中1~2年级
主题价值	通过亲身体验参与研学实践教育活动,学生能够感受乡土河山之美,感知乡土文化中的优良传统,了解家乡的革命历史遗迹和英雄事迹,以及家乡的发展与变迁,进而初步形成国家意识、文化自信和拥护党的意识。 理解并遵守公共空间的基本行为规范,初步形成集体思想和组织观念	通过亲身体验参与研学实践教育活动,了解研学目的地的自然风光和环境特色,感知并体悟当地历史文化所蕴含的传统美德和精神内涵。探究当地社会与自然环境发展变化的原因,感受中国的发展与进步,从而增强国家认同感,培育热爱中国共产党的真挚情感。此外,通过职业体验类研学活动发展兴趣专长,形成积极的劳动观念和态度,初步具备生涯规划的意识和能力。 在研学过程中,主动分享体验与感受,积极与教师、同伴展开思想交流,深入探讨研学中的认知与收获	通过亲身实践、深度体验参与研学实践教育活动,认知研学地所展现的祖国壮美山河、中华传统美德、革命光辉历史,以及中国繁荣稳定的发展成就。深入理解在中国共产党的正确领导下,中华民族从历史走向现实、迈向伟大复兴的辉煌历程与宏伟前景,进而厚植对中国共产党的真挚情感,坚定中国特色社会主义共同理想信念,同时拓宽国际视野。 初步体悟个人成长与职业选择、社会进步、国家发展和人类命运共同体的关系,增强根据自身兴趣、专长进行生涯规划和职业选择的能力

2. 具有现实价值

现实价值指的是当下客观存在的价值,能帮助学生解决在现实生活中所遇到的实际问题,提高学生的社会责任感、实践能力和创新意识。例如,将"提高自制力问题研究""如何让更多人主动进行垃圾分类"等作为主题。有时可根据学生发展的需要,设计一些想象情境主题,如"如果你是明清时期的晋商,请为做生意的商铺写一副对联"。

这类主题尽管不是学生现实生活中能亲身经历的情境,但符合学生发展的需求,应用的知识和技能也是学习过的,有现实价值。

3. 重视研究性学习

研学以"研究性学习"为根本目的,通过"研"达到"学"的目的。在研学活动中,确定研究性的研学旅行主题,会让研学活动有深度。围绕研究性主题开展研学旅行活动,能让学生主动提出问题、主动探究,培养学生的主动学习能力和思维创新能力,从而达到研学效果。

🔭 教学互动

为了让学生了解中暑,有效地预防中暑,××学校组织高一学生进行研学活动,确定了"中暑症状"这一主题,你觉得是否合适?

分析:类似"中暑症状"这样的研学旅行主题过于浅显,不需要做什么调研,也不需要进行分析,对于高中生来说,只需要简单搜索相关资料,基本能知道答案,这样的主题失去了研学的意义。

思考:类似"中暑症状"这一主题,可以作为哪个学段学生的研学主题?

(三)构建研学旅行活动框架

在产品规划设计过程中,将学生发展核心素养融入研学活动目标,并重点关注落实。研学旅行产品作为学生素质教育的重要补充,被纳入中小学教育教学计划,其目的在于让学生获得在学校中难以学到的知识和经验。因此,要在研学活动中充分展示研学特色,引导学生在社会真实的情境中观察、体验、思考,在自主学习、探索过程中提升综合能力。同时,健全研学课程体系,注重校内外教育形式、教育内容、教育方法的衔接、合作和协同创新,实现理论和实践的协调。此外,还应注重研学旅行产品体系特色品牌的创建。

(四)选择研学旅行活动资源

1. 选择研学资源

2016年12月,教育部、国家发展改革委等部门印发了《教育部等11部门关于推进中小学生研学旅行的意见》(以下简称《意见》)。《意见》强调,要将研学旅行作为理想信念教育、爱国主义教育、革命传统教育、国情教育的重要载体。研学旅行是社会主义核心价值观教育、中华优秀传统文化教育、行为习惯养成教育、集体主义教育、心理健康教育、生存生活教育、环境教育、生命教育等重要的载体。

研学旅行基地课程配置角度如图2-1所示。

自然生态

包括自然景区、公园、植物园、动物园、风景名胜区、世界自然遗产地、世界文化遗产地、国家海洋公园、示范性农业基地、生态保护区、野生动物保护基地等场所。学生通过实地研学，领略祖国大好河山，树立爱护自然、保护生态的意识

优秀传统文化

包括旅游服务功能完善的文物保护单位、古籍保护单位、博物馆、非遗展示场所、优秀传统文化教育基地等机构。学生通过实地研学，能够深入了解中华优秀传统文化的思想理念与传统美德，从而坚定文化自信

革命传统教育

包括爱国主义教育基地、革命历史类纪念设施与遗址等场所，引导学生了解革命历史，学习革命斗争知识，传承革命斗争精神，培育新时代奋斗精神

国防科工

包括国家安全教育基地、国防教育基地、海洋意识教育基地、科技馆、科普教育基地、科技创新基地、高等学校、科研院所等单位。学生通过在这些场所开展研学活动，能够系统学习科学知识、培养科学兴趣、掌握科学方法、增强科学精神；同时，有助于树立总体国家安全观，强化国家安全意识与国防意识

国情教育

包括展现基本国情和改革开放成果的美丽乡村、特色小镇、大型知名企业、公共设施、重大工程等场所，学生通过实地研学，能够深入了解基本国情，切身感受中国特色社会主义建设成就，从而激发爱党爱国情怀

图 2-1　研学旅行基地课程配置角度

👀 教学互动

　　分析以下内容（开发竹子相关研学活动的若干角度），充分挖掘研学场所资源，拓宽课程设计思路，基于研学目标、研学场所和学生学情，对内容进行取舍，设计出恰当的研学任务。

开发竹子相关研学活动的若干角度

　　人文角度：以竹为题，作一首诗。

　　自然角度：竹子是怎样的植物？

　　经济角度：一根竹子值多少钱？

　　艺术角度：竹乐、竹画。

　　学科角度：不同种类的竹子都生长在哪里？

　　用途角度：竹子都用来做什么？

　　艺术角度：文人笔下的竹子都长什么样？

　　工艺角度：竹编。

　　饮食角度：竹宴。

　　建筑角度：世界各地的竹建筑。

　　劳动教育：学做竹筒饭。

　　职业生涯：与竹子有关的行业有哪些？

2. 确定组织方法

研学旅行是户外活动,学习组织形式多样化。不同的课程和活动方式,学习组织形式也有所不同。研学旅行内容组织除了考虑域情、校情、学科等因素,还要考虑研学活动机构特色,更重要的是基于学情分析,围绕研学目标和研学场所资源寻找结合点,重点突出1至3个方面,设计具有明确研学目标的研学活动内容。研学旅行内容组织要考虑的因素如图2-2所示。

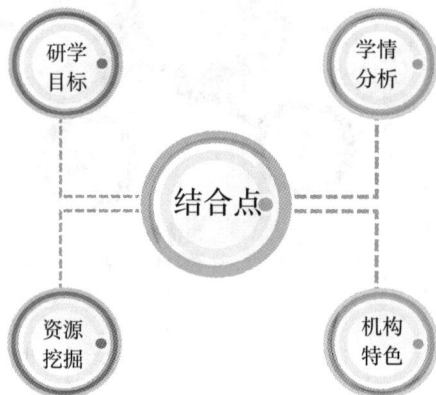

图 2-2　研学旅行内容组织要考虑的因素

根据学习内容和活动方式的不同,研学旅行活动主要有以下几种学习组织形式。

1) 参观游览

参观游览是研学旅行课程实施中应用最广泛的学习方式,适用于多种课程类型。在游览过程中,学生通过观察、思考、体验、感悟,获取知识、丰富情感、加深理解、形成态度。参观游览的学习组织形式通常为分组集体学习或个人体验。在参观游览活动中,虽然一般是学生集体跟随研学旅游指导师一起学习,但每个人的学习以个人观察体验为主。

2) 调查研究

调查研究是研学旅行课题研究的主要学习方式,它注重学生运用实地观察、访谈、文献资料分析等方法获取材料,并在此过程中,培养学生的理性思维能力,勇于批判、质疑和探究的精神。调查研究的关键要素包括:发现并提出问题;提出假设,选择方法;获取证据;解释或提出观点;交流、评价研究成果;反思和改进。鉴于调查研究的严谨性和任务的复杂性,通常会以小组合作为主要学习组织形式。

3) 拓展训练

在一些实践基地、夏令营营地或团队拓展基地等场所的课程学习中,经常会进行拓展训练。这些活动通常采用团队合作与个体体验相结合的学习方式。有的技能训练需要个体独立完成,而更多的拓展训练项目需要团队合作完成。拓展训练可以使团队成员之间增进了解、拉近感情,还可以提高团队成员的交流合作能力。

4）手工制作

手工制作是文化类和科技类课程中常用的学习组织形式。学生在学习某种工艺技术或者文化产品知识后，通过动手制作来体验工艺过程。例如，学生在参观民俗博物馆时，动手学习绣品制作，练习剪纸艺术，制作泥塑作品等；在参观科技馆时，亲自操作实验器材完成科学实验，学习车床、冲床和切削工艺，动手制作零件或工艺品器件等。

5）讲座论坛

团队成员通过听取专题讲座、专家报告，学习某一领域的专业或文化知识；通过参加论坛活动，进行互动、学习和交流。

6）团队游戏

团队成员通过共同参与游戏活动，在情感互动与协作配合中培养团队意识。

7）演艺表演

演艺表演包括欣赏表演和参与活动两种方式。在学习具有地方代表性的专业文化时，如地方戏剧、地方民俗表演等，通常以观看演出的方式学习。但有些演艺活动可以安排学习者一起参与表演，如传统文化表演、历史故事情景剧表演、经典诵读活动等。

（五）研学旅行产品线路规划

1. 安全第一，定点研学

学生的安全在任何时候、任何地点都应放在首位。在选择研学地点时，应参照《研学旅行实操手册》，优先选择各级教育部门推荐的研学地点，这些地点安全系数更高，更符合学生活动的要求。在安全的前提下，参照学校、教师、家长的需求，考虑学生的身心特点、认知能力、兴趣偏好等，选择能实现研学目标的研学地点。

2. 串点成线，初定线路

串联研学点时可考虑先整体后局部，或先局部后整体，或先整体后局部再整体等方式，按照知识和学生思维的内在逻辑，合理安排时间和空间的先后顺序。例如，观察河谷形态时，要按照河流发育初期、中期、成熟期的顺序来安排考察顺序。

不能完全从经济和服务角度出发，要始终谨记研学的初衷是为了帮助学生成长，达到教育的目的。在确保教育性原则的前提下，最大限度地降低成本。

3. 实地考察，完善线路

组织研学旅行主办单位、承办单位和家委会成员等代表进行实地考察，将初定线路走一遍，测算耗费时间，排查安全隐患，考察研学地点资源情况、生活保障情况，以及线路组合的合理性。要考虑时间安排是否合适、地点串联顺序是否符合课程逻辑、线路往返是否科学等。通过实地考察，检验活动开展的可行性，依据各方面的综合意见，根据实地考察结果优化线路。同时，做好突发情况的应对措施，预防途中可能出现的问题,确保线路的安全性、活动的可行性、学习的有效性、生活保障的全面性,符合研学初衷和线路规划的原则。

知识训练

1.研学旅行产品设计应遵循哪些原则?
2.应该如何规划研学旅行产品线路?

技能训练

为进一步开阔学生视野、拓宽学生知识面,使学生了解科技发展、探索科技奥秘、感受科技魅力与国家科技创新力量,××小学计划组织学生前往省科技馆开展研学活动。该研学团队可围绕哪些主题设计研学旅行活动呢?

任务三　研学旅行地接计调采购业务

任务导入

2023年7月2日,周女士向消费者委员会提交了投诉。周女士花费了2980元为孩子购买了湖北某旅游公司的研学旅游服务项目,该公司宣称与当地某学校合作进行研学旅行,在开营前承诺所有孩子都住酒店,但开营后周女士发现,只有小学生住酒店,中学生住的都是公寓,而且公寓内的水质不佳,有异味,也没有提供饮用的热水。此外,7月2日原定参观北京故宫,但孩子们却在门外晒了一下午的太阳,始终未能进入故宫,而研学团队的管理人员对此也未予回复。之前公司还承诺会参观清华大学和北京大学,但实际上只带孩子们去了清华科技园,存在明显的虚假宣传行为。因此,周女士要求退还费用,并向消费者委员会提出了投诉。

(资料来源:深圳新闻网)

思考:研学旅行计调人员采购相关服务产品时,能从该案例中获得哪些启示?

分析:研学旅行计调人员在采购相关服务产品时,需熟练掌握各类接待服务的采购方法,严格遵循采购流程,确保住宿舒适度、饮食安全与品质、研学基地的适配性及教育资源等各方面均达到高标准,以有效防范潜在问题,保障学生研学体验,避免任何可能引发顾客不满或投诉的情况发生。

任务重点

熟悉各项地接服务的采购流程和方法。

🔘 任务难点

顺利采购各种地接服务。

🔘 任务实施

研学旅行地接计调人员负责研学旅行团在当地的住宿、交通、用餐、研学活动安排等,因此,计调人员必须学会每种接待服务的采购方法和程序,以便能为外地研学团队提供本地研学旅行服务。

一、住宿服务采购

1.确定采购对象

(1)计调人员根据研学团队接待计划,收集本地酒店的相关资料,并进行实地考察,主要考察酒店的规模和类型、酒店内设施、酒店提供的服务、酒店周围环境等。

(2)计调人员通过收集资料和实地考察,从价格及规模、服务质量、安全保障、结算方式等多个方面,对本地酒店进行综合比较和评价,最终选出满足研学团队接待需求的酒店。

🔭 知识拓展

《研学旅行服务规范》中有关住宿服务的要求

《研学旅行服务规范》中关于住宿服务的要求如下。

(1)应以安全、卫生和舒适为基本要求,提前对住宿营地进行实地考察,主要要求如下。

①应便于集中管理;

②应方便汽车安全进出、停靠;

③应有健全的公共信息导向标识,并符合 GB/T 10001 的要求;

④应有安全逃生通道。

(2)应提前将住宿营地相关信息告知学生和家长,以便做好相关准备工作。

(3)应详细告知学生入住注意事项,宣讲住宿安全知识,带领学生熟悉逃生通道。

(4)应在学生入住后及时进行首次查房,帮助学生熟悉房间设施,解决相关问题。

(5)宜安排男、女学生分区(片)住宿,女生片区管理员应为女性。

(6)应制定住宿安全管理制度,开展巡查、夜查工作。

(7)选择在露营地住宿时还应达到以下要求:

①露营地应符合 GB/T 31710 的要求；

②应在实地考察的基础上，对露营地进行安全评估，并充分评价露营接待条件，周边环境和可能发生的自然灾害对学生造成的影响；

③应制定露营安全防控专项措施，加强值班、巡查和夜查工作。

（资料来源：《研学旅行服务规范》(LB/T 054—2016))

2. 签订合作协议

计调人员与多家符合研学团队接待需求的酒店进行合作洽谈，协商拟定合作协议书，代表旅行社与对方代表签订协议书。

3. 整理相关资料

计调人员整理与酒店签订的合作协议书，统计酒店名称、酒店联系人姓名、联系电话、淡旺季协议价格等相关信息，并对签署的合作协议书进行编号、存档，报送相关部门备案。

4. 落实订房工作

（1）计调人员根据研学团队行程安排、研学团队人数、是否在酒店用餐的需求、研学活动经费预算及付款方式等要素，制订住宿采购计划。

（2）计调人员根据住宿采购计划，在已签订合作协议书的酒店中选择符合要求的酒店，与酒店进一步沟通是否可接待本次研学团队。若选定的酒店因时间或其他原因没有办法完成接待工作，需及时调整住宿采购计划，直至采购到符合要求的酒店，与酒店协商并确定订房单。酒店订房确认单如表2-2所示。

酒店采购协议书

表2-2　酒店订房确认单

To:	From:北京××研学旅行股份有限公司
Tel:	Tel:010-××××××××
Add:	Add:北京市朝阳区××××B座7D

酒店负责人		联系电话		转账方式	
预定房型	商务双人标准间	订房数量		预订金	
总计房费	以实际房间数为准，开具增值税普通发票以实际数额为准				
入住时间	年　月　日至　　年　月　日共　　晚				
总人数		老师		学生		司陪	
		男：人	女：人	男：人	女：人	男：人	女：人
住宿需求	标准间(含票含早)		大床房(含票含早)		三人间/其他(含票含早)	
	元/晚		元/晚		元/晚	
	其他： 早餐菜单：					
会议室需求	大小		间数		用途	

续表

会议室需求	其他：				
其他需求	楼层要求		男女分层	是/否	条幅/滚动屏	是/否
	洗漱用品		无线网络		吹风机	是/否
备注：	（1）收到订房委托后，请速将订房回执传回我方； （2）代订费、房费结算单，请联系我方住宿对接人； （3）具体结算金额，根据实际入住人数结算				
酒店名称： （盖章） 负责人： 时间：	公司名称： （盖章） 负责人： 时间：				

（3）计调人员在收到酒店订房确认单后，及时进行登记，并按发团时间顺序排列存档，将酒店的位置、联系方式、价格、付款方式等信息汇总转交给接待部门。如有更改，还需要重新订房，并填写订房变更单。

5. 报账结算

（1）计调人员根据与酒店签订的合作协议书，并结合本次双方协商的付款方式，及时将住宿费用明细报财务部门。

（2）财务部门根据合作协议书、订房确认单等资料，审核无误后与酒店办理结算。

二、交通服务采购

研学旅行地接计调人员在旅游交通服务方面的采购主要涉及本地汽车交通服务的采购。考虑到学生的身体适应性，研学团队乘汽车旅行的距离需合理控制，不同年龄段学生的乘车时长存在差异，车程宜控制在 1 小时左右，最长不宜超过 4 小时。

1. 确定采购对象

（1）计调人员要对提供此项服务的旅游汽车公司（包括定点旅游车队、出租汽车公司等）进行调查，充分了解这些公司的车辆数量、车型、性能、车况、驾驶员技术水平、公司管理状况、服务规范、准运资格（营运资格）、租车费用等。

（2）计调人员整理所收集到的信息和资料，进行分析，从中选出管理严格、车型齐全、驾驶员素质好、服务优良、已取得准运资格、善于配合（用车高峰期能优先安排研学团队出行所需车辆）、车价优惠的旅游汽车公司，作为本社的采购对象。

2. 签订合作协议

（1）计调人员与多家汽车租赁服务采购对象进行洽谈，协商用车协议书的有关条款，并代表研学机构与这些公司签约。

（2）计调人员将经过双方签字的用车协议书存档，并送相关部门备案。

临时包车
客运服务
协议

Note

3. 整理相关资料

计调人员需系统梳理所签约旅游汽车公司的详细信息,包括公司全称、24小时应急值班电话、调度对接负责人的姓名及直接联系方式等,并依据标准格式编制成清晰易查的资料汇总表。同时,针对旅游汽车公司的运营规范、服务标准、应急预案等关键规范性文件,计调人员应进行分类整理,确保资料完整与准确,随后及时、精准地分发给运营、客服、导游等涉及用车协调的相关部门,以保障各环节信息同步,提升用车调度效率与服务质量。

4. 及时订车

(1)计调人员根据研学团队行程、人员情况等信息,列出用车计划(包括需用车型、使用时间、行程安排等信息),并向有合作关系的多家旅游汽车公司提出用车要求,用恰当的询问方式向旅游汽车公司询价,选择符合本次研学旅行需求的公司,填写订车单,与旅游汽车公司确认。

(2)待旅游汽车公司确认合作后,计调人员将车号、车型、驾驶员姓名及联系方式、使用该车的注意事项、时间、地点、付款方式等通报给相关部门和人员。

(3)计调人员应在研学团队出发前一天,再次与旅游汽车公司联系,核实用车需求等有无变更。如有更改,还需要重新订车,填写订车变更单。

5. 报账结算

(1)计调人员根据用车协议书的相关规定,将实际发生的租车费用及明细账上报财务部门。

(2)财务部门审核,确定符合用车协议书后,根据本次用车协议付款方式规定与旅游汽车公司办理结算付款手续。

三、餐饮服务采购

1. 确定采购对象

(1)计调人员根据公司经营计划,调查、收集餐饮部门(定点餐馆等)的相关信息资料。

(2)经过初步筛选后,计调人员对基本符合研学团队需求的餐饮单位进行实地考察,重点考察餐馆(饭店)的卫生标准、地理位置、车位、洗手间、餐标、主要经营风味、菜单(特色餐)、结算方式、销售配合、环境、停车场地、接待能力和服务情况等。

(3)计调人员通过实地考察,进行综合比较和评价,选出符合研学团队接待需求的餐馆(饭店)。

2. 签订合作协议

(1)计调人员根据考察结果,与多家符合研学团队接待需求的餐馆(饭店)进行合作洽谈,根据当地具体行规,双方协商拟定合作协议书。

（2）计调人员通过与餐馆（饭店）负责人谈判，协商具体的合作事宜，并签订合作协议书。

（3）计调人员将签署的合作协议书进行编号、存档，并报送相关部门备案。

3.整理相关资料

计调人员需梳理与餐饮单位签署的合作协议文件，提取各合作餐馆（饭店）的核心信息，包括但不限于企业全称、特色经营菜系、日常值班联络电话、分级餐标配置、专属销售对接人姓名及其全天候联系渠道、最大接待容量等关键数据项，并整理形成标准化信息台账，采用电子化表格形式进行可视化呈现，并建立动态更新机制。同步建立跨部门协同分发流程，将编制完成的餐饮合作信息清单定向推送至运营调度、客户服务、后勤保障等关联部门进行备案存档，确保各业务环节可实时调取精准数据，支撑高效协作与决策执行。

4.落实订餐工作

（1）计调人员根据研学团队的用餐禁忌、用餐风味、行程中路程距离、餐馆（饭店）位置、接待能力、餐标、付款方式等因素制订餐饮采购计划，在已签订合作协议书的餐馆（饭店）中选择符合要求的餐馆（饭店），并签订用餐确认单。如不能满足本次用餐需要，应再次调整餐饮采购计划。最终确定本次合作的餐馆（饭店）后，应及时与餐馆（饭店）联系，及时掌握市场行情，争取更优惠的餐标。

（2）计调人员根据餐馆（饭店）的传真确认情况，按照接待计划中的发团日期顺序存档，并将餐馆（饭店）位置、联系方式、在该餐馆（饭店）的注意事项、本行程在该餐馆（饭店）的用餐次数、餐标、是否再次提醒餐馆（饭店）游客的用餐禁忌、特殊用餐要求、付款方式等信息转告给接待部门，如有更改还需要重新订餐，填写用餐变更单。

5.报账结算

（1）计调人员根据公司的财务规定和合作协议书的相关规定，及时将用餐费用明细报财务部门。

（2）财务部门根据合作协议书及本次用餐协议付款方式的规定，审核无误后与餐馆（饭店）办理结算。

四、研学旅行基地（营地）服务采购

1.确定采购对象

（1）计调人员调查并了解本地研学旅行基地（营地）相关信息，具体包括基地（营地）研学资源概况、基地（营地）研学课程开发、研学体验项目情况等。

（2）计调人员根据公司研学旅行课程开发情况，挑选符合课程实施需求的研学旅行基地（营地）进行实地考察，重点考察基地（营地）研学资源情况、地理位置、接待能力、周边环境、销售配合、服务质量等。

（3）计调人员通过实地考察，进行综合比较和评价，选出符合公司研学旅行课程实施需求的研学旅行基地（营地）。

2. 签订合作协议

（1）计调人员根据公司研学旅行相关课程实施需求与选定的研学旅行基地（营地）进行洽谈，协商合作事宜，包括费用、优惠折扣、接待量、接待时间、结算方式等。

（2）在协商一致的基础上，根据当地具体行规，由双方协商拟定合作协议书。

（3）计调人员将签署的合作协议书进行编号、存档，并报送相关部门备案。

3. 整理相关资料

（1）计调人员整理签约的研学旅行基地（营地）资料，包括单位名称、电话、联系人、淡旺季价格、研学课程等相关资料，并制作列表。

（2）计调人员根据合作协议书和双方的相关规定，编制研学旅行基地（营地）结算单，主要内容包括研学团队信息、人数、收款单位、领队姓名、日期等。

（3）计调人员将合作协议书及列表分发给相关部门，并备案。

4. 带团研学

（1）计调人员根据研学团队旅行计划，确定研学团队行程安排，并向研学旅行基地（营地）确认信息，无误后向研学旅游指导师派发研学旅行基地（营地）结算单。研学旅游指导师根据接待计划，实施研学课程安排。

（2）研学旅游指导师按规定填好结算单并交给研学旅行基地（营地）工作人员，双方按协议共同做好研学团队接待工作。

5. 报账结算

（1）研学旅游指导师将结算单统一交给财务部门。

（2）财务部门根据合作协议书，审核无误后与相关研学旅行基地（营地）办理结算。

五、其他服务采购

除了上述的各种必须采购的旅游服务，还有其他服务的采购，如代办旅游保险等服务的采购。

研学旅行机构应该为研学团队提供规定的保险服务。计调人员要认真理解保险规定，收集、调研保险公司的资料，根据实际情况，与实力强、信誉好的保险公司协商洽谈，代表研学机构与对方代表签订合作协议书。对所签的合作协议书进行编号、存档，并报送相关部门备案，整理与保险公司签订的合作协议书和相关资料及规定并制作列表，将列表分发给相关部门，通知收取保险费。将研学团队的资料发送给保险公司，并请保险公司及时回复确认，注意接收承保确认书，以此作为投保依据。

在研学旅行途中发生意外事故时，及时通知保险公司并了解真实情况，必要时可进行现场考察,同时需在保险协议约定的期限内,向保险公司提交书面报告材料。索赔时,需如实向保险公司提供相关证明文件。

六、变更后的采购

研学团队旅行计划制订后,易受相关因素或突发事件的影响而需要变更,这会对已完成的采购构成威胁。当得知研学团队旅行计划变更时,计调部门应积极协助处理,并做出相应调整,如根据团队人数增减、交通问题、行程变动等情况,做出修改或取消原定行程并重新采购等。计调人员在对原计划进行调整时,应遵循以下原则。

1.变更最小原则

将原计划变更所涉及的范围控制到最小,尽可能不对原计划进行大的调整,以避免引起其他因素的变更。

2.宾客至上的原则

研学旅行计划是开展研学活动的依据,研学旅行机构与学校一旦形成约定关系,一般不应随意更改。若因不可抗因素需变更,应充分考虑研学团队情况,并征求校方谅解。

3.同级变通原则

变更后服务内容应与最初的安排在级别、档次上力求一致,尤其在住宿方面。

计调工作承上启下,连接内外,在研学旅行机构中处于中枢位置。当计划变更和突发事件发生时,计调人员应立即拟定应急方案,并与相关部门,如外联部门、接待部门、交通部门、酒店、学校等保持沟通,以应对所有可能的变化。

知识训练

1.研学旅行计调人员在考察当地旅游汽车公司时,应了解哪些方面的信息?

2.酒店订房确认单中,应包含哪些信息?

3.用餐确认单中,应包含哪些信息?

技能训练

深入调研本地旅游汽车公司租赁服务项目:通过综合运用网络搜索、电话访谈及实地考察等多种调研手段,全面了解并分析总结本地某家旅游汽车公司的租赁服务项目,包括但不限于车型种类、租金定价策略、服务流程、附加服务(如保险服务、导航服务、儿童座椅租赁服务等)、客户评价与反馈等关键信息,撰写调研报告。

任务四　研学旅行产品报价

任务导入

进京6日团行程单

团号:KITS-20240707-05B

组团社	名称	重庆×× 旅行社	国籍 地区	重庆	人数	45名学生＋3名导 师＋1名全陪
地接社	名称	北京×××× 研学旅行股份 有限公司	团队 性质	学生团(22名男生＋23名女生)共45人		
	地址	北京市×× 街×××				
接送团时间和 地点		5月15日,北京西站 G372次 重庆—北京西12:20—21:35				
Op//销售	刘××					
营地人员	李×	电话	138×××××××	营地用餐时间:		
全陪	王××	电话	135×××××××	导游证号:		
研学导师	张×× 研学旅游指导师证:×××					
司机	林×	电话	136×××××××	车牌号	京××××	
日期	行程安排		营地	早	中	晚
D1 5月15日 周五	手举牌"××××"到北京西站21:39接站 (G372次); 晚上抵营地		北科 营地	—	—	—
D2 5月16日 周六	上午:天坛公园(已预约) 午餐:大海碗 下午:孔庙和国子监博物馆(已预约)		北科 营地	√	√	√
D3 5月17日 周日	上午:颐和园(已预约) 下午:中国航空博物馆或中国电影博物馆 或中国工艺美术馆(已预约13:30)		北科 营地	√	√	√

续表

D4 5月18日 周一	上午:天安门广场(已预约)早餐为打包餐+居庸关长城(已预约) 下午:胡同探秘	北科营地	✓	✓	✓
D5 5月19日 周二	上午:清华大学或清华大学艺术博物馆 下午:中国人民抗日战争纪念馆/卢沟桥	北科营地	✓	✓	✓
D6 5月20日 周三	上午:前往北京西站;乘高铁返回重庆,车次为 G351 次 北京西—重庆北(11:10—20:30)	—	✓	—	—

注意事项如下。

(1)通知司机车上备水(不限量、不浪费原则,全程先备18箱);

(2)所有人需要随身携带身份证原件,基地/营地需要身份证原件并刷脸验证入内;

(3)天安门升旗仪式,提前与营地沟通,安排打包早餐(与××联系);

(4)居庸关长城已打印订单信息明细,开发票金额:××元;

(5)请带回发票:天坛公园发票+孔庙和国子监博物馆发票+颐和园发票+清华大学艺术博物馆发票;

(6)18日有一位生日人员陈××,请营地安排采购一个大蛋糕,安排生日会。

物料准备如下。

(1)任务单:天坛公园48张+颐和园48张;

(2)天安门用小国旗+脸贴(各50份);

(3)必备:手举牌/杆+车头纸+短袖(工作人员着工作服);

(4)接收器48个+1个主机。

思考:该行程安排中涉及哪些需要支出费用的项目?

分析:(1)研学旅行产品价格是研学旅行产品的重要组成部分,要认真研究产品价格构成,结合实际情况给出准确的报价。

(2)研学旅行产品报价要按照一定的方法和步骤进行。

🔘 任务重点

1.研学旅行产品构成。

2.研学旅行产品定价方法。

🔘 任务难点

根据研学旅行产品价格构成及报价流程,对产品进行准确报价,并计算出利润。

🔵 任务实施

一、研学旅行产品价格构成

（一）研学旅行产品

1. 研学旅行产品的概念

2016年11月30日，教育部、国家发展改革委等部门印发的《教育部等11部门关于推进中小学生研学旅行的意见》指出，中小学生研学旅行是由教育部门和学校有计划地组织安排，通过集体旅行、集中食宿方式开展的研究性学习和旅行体验相结合的校外教育活动。可见，研学旅行产品是由实物和服务综合构成，是一个包含课程、线路、基地、导师及相关服务等多要素的综合产品体系。

2. 研学旅行产品特点

研学旅行作为一种研学形式，突破了教材、课堂和学校的局限，向社会、自然和生活领域延伸，将知识与实践相结合，融入学生的生活中，帮助学生形成适应未来社会发展的必备能力。研学旅行产品的特点如下。

（1）多样性：研学旅行产品种类丰富，涵盖历史、文化、科学、艺术等多元内容，通过体验、游览、实践等多种方式开展，学生可依据自身需求与兴趣自主选择。

（2）专业性：研学旅行产品通常会邀请行业导师、学者、导游、艺术家等进行指导，可以提高学生的知识水平和体验感。

（3）互动性：研学旅行活动通常会安排课程互动环节，让学生更好地与其他同学或指导人员交流互动。

（4）体验性：研学旅行产品不仅能够让学生观察、了解相关知识，还可以组织学生参与科学实践、艺术表演、手工制作、农耕体验等活动，增强学生的参与感、提升其满意度，并提高研学旅行课程的教学有效性。

3. 研学旅行产品的类别

2016年12月，国家旅游局发布了《研学旅行服务规范》（LB/T 054—2016）。研学旅行产品按照资源类型分为知识科普型、自然观赏型、体验考察型、励志拓展型、文化康乐型。

（1）知识科普型：主要包括各种类型的博物馆、科技馆、主题展览、动物园、植物园、历史文化遗产、工业项目、科研场所等资源。

（2）自然观赏型：主要包括山川、江、湖、海、草原、沙漠等资源。

（3）体验考察型：主要包括农庄、实践基地、夏令营营地或团队拓展基地等资源。

（4）励志拓展型：主要包括红色教育基地、大学校园、国防教育基地、军营等资源。

（5）文化康乐型：主要包括各类主题公园、演艺影视城等资源。

知识拓展

研学旅行服务规范

（1）承办方应根据主办方需求，针对不同学段特点和教育目标，设计研学旅行产品。

（2）小学一至三年级参与研学旅行时，宜设计以知识科普型和文化康乐型资源为主的产品，并以乡土乡情研学为主。

（3）小学四至六年级参与研学旅行时，宜设计以知识科普型、自然观赏型和励志拓展型资源为主的产品，并以县情、市情研学为主。

（4）初中年级参与研学旅行时，宜设计以知识科普型、体验考察型和励志拓展型资源为主的产品，并以县情、市情、省情研学为主。

（5）高中年级参与研学旅行时，宜设计以体验考察型和励志拓展型资源为主的产品，并以省情、国情研学为主。

（资料来源：《研学旅行服务规范》(LB/T 054—2016)）

（二）研学旅行产品价格

1.研学旅行产品价格的概念

研学旅行产品价格是研学旅行市场消费者为满足研学旅行活动的需要所购买的产品价格，是研学旅行产品的价值的货币表现形式，是消费者对研学旅行产品价值的市场认知。可理解为，研学旅行产品的价格是成本和利润之和。这里的利润一般根据研学旅行企业总成本的一定比例来计算，这个比例是研学旅行企业预期的利润率，涉及直接利润和间接利润。

2.研学旅行产品价格的构成

研学旅行产品价格由两大部分组成：第一部分是研学旅行企业提供各项服务收取的费用，包含课程设计费、各课程研学旅行导师课酬、沿途工作任务服务费以及其他各项服务的费用；第二部分是研学旅行企业在组织研学旅行活动期间，安排各项课程和活动涉及的各项费用的总和，包含研学旅行活动期间涉及的食、住、行及课程开展涉及的各项材料费用。

研学旅行企业以课程设计和课程实施接待服务为主，其工作重点是通过适宜的分销渠道将研学旅行产品推广至各中小学，并提供课程活动开展服务及售后服务。由于研学旅行产品价格的具体计算工作由计调人员负责，因此，计调人员需全面掌握研学旅行产品价格的构成、影响因素、定价方法、定价策略及报价流程等内容，且能快速准确地核算利润并完成报价。

教学互动

根据"北京6日研学旅行活动"行程制定研学旅行行程报价需求表。

"北京6日研学旅行活动"行程说明：

(1)接待人群：某实验中学初二学生200人。

(2)团队性质：研学旅行团。

(3)研学旅行类型：人文历史类。

(4)研学旅行接待：等次不限。

(5)研学旅行线路：体现出产品特色、服务标准。

(6)组团工作人员：全陪1名。

(7)地接：全程优秀地接导游服务，负责安排食宿、出行、游览及娱乐活动；研学导师提供讲解和组织课程活动。

(8)餐饮标准：早餐15元/人；正餐50元/人，10菜一汤，10人一桌。

(9)住宿标准：三星/准四星。

团队行程日期：　　年　月　日至　　年　月　日

人数：　人

行程简表

天数	时段	地点＋主题	餐饮	住宿
1	上午	:	午、晚	地点：
	下午	:		星级：
2	上午	:	早、午、晚	地点：
	下午	:		星级：
3	上午	:	早、午、晚	地点：
	下午	:		星级：
4	上午	:	早、午、晚	地点：
	下午	:		星级：
5	上午	:	早、午、晚	地点：
	下午	:		星级：
6	上午	:	早	地点：
	下午	:		星级：

请根据以上信息进行单项报价，并填入下表。

单项报价表

序号	项目	报价
1	当地交通	车型：50座 　　元/天，　天，共计　元

续表

序号	项目	报价
2	住宿	元/间， 元/人， 晚,共计 元
3	餐饮	元/人 早餐数×餐标＋正餐数×餐标
4	门票	元/人(景点1： 元＋景点2： 元＋……) 景区大门票、景区内小景点/单独项目、摆渡车等费用 需详细列出
5	研学旅游指导师	元/天 共 天,共计 元
	项目专家	元/天 共 天,共计 元
6	保险	元/人
7	耗材	元/人
8	其他	请详细说明(如服装、教材、材料、场地租赁等费用)
	合计	元/人

注:报价无须包含大交通和研学意外险。

《研学旅行服务规范》(LB/T 054—2016)指出,供应方是与研学旅行活动承办方签订合同,提供旅游地接、交通、住宿、餐饮等服务的机构。

(1)交通费。

交通费包括城市之间和市内交通的费用,交通费的高低取决于交通方式的选择。根据《研学旅行服务规范》(LB/T 054—2016)的规定,研学旅行的交通方式以大巴车为主,从集合点(如学校)到研学地,以及在目的地间的中转和最后返回。交通费按包车费用计算,平摊下来就是单人成本。通常研学旅行企业都自备车辆,也可以选择向旅行社、车队或公共交通单位租赁。交通费具体包括从研学出发地至研学目的地之间的往返交通费用,以及到达目的地后游览参观时的交通费用,涵盖航空机票、高铁动车票、火车票、长途汽车票及游览包车费等。

(2)住宿费。

在研学项目中,单批次学生人数通常较多,但费用预算相对有限,难以负担高昂的酒店住宿成本。因此,一般优先选择具备住宿条件的营地,多为双人间或四人间,住宿环境与学校宿舍类似;部分情况下,也会选择性价比合适的酒店。住宿地点建议优先考虑封闭式管理区域,便于落实安全保障措施。若选择酒店,需确认是否包含早餐服务。同星级酒店不同位置或者同酒店不同楼层价格会不同,这将直接影响研学旅行产品成本及报价。住宿费用受研学团队规模、淡旺季的影响,因此,研学旅行计调人员要准确掌握营地或者酒店在不同人数、不同季节价格的差异,以确保报价的准确性。当出现房间未住满的情况时,需要将房差计算在成本中。

（3）餐饮费。

餐饮费是指餐厅为消费者提供早餐、正餐（午餐和晚餐）所产生的费用。许多酒店为住宿客人提供免费早餐服务，因此在报价时，餐费通常按正常标准计算。确定餐饮安排时，要考虑两个要素：成本和安全。一般情况下，研学活动会与住宿地或周边餐饮单位合作，采用团餐模式，根据费用配餐。如果研学活动中无餐饮服务，学生可自带干粮或选择外送餐食服务。对于学生的餐饮安排，应特别注重营养与安全，因此应适当提升餐饮水平，选择资质齐全的餐饮单位进行合作。

（4）门票费。

部分研学活动被安排在景区进行，学生票通常享有折扣，而且研学组团还有优惠。需要注意的是，景区内可能存在二次收费项目，如索道费用、摆渡车费用、收费活动项目等，这些收费项目的折扣不高甚至没有折扣，因此，需和景区具体沟通，把握好整体成本。对于在研学基地进行的活动，有些基地会收取场地费用，而有些基地则不收取费用，但可能会有其他相关要求。

政策速递

《中华人民共和国未成年人保护法》（节选）

第四十四条　爱国主义教育基地、图书馆、青少年宫、儿童活动中心、儿童之家应当对未成年人免费开放；博物馆、纪念馆、科技馆、展览馆、美术馆、文化馆、社区公益性互联网上网服务场所以及影剧院、体育场馆、动物园、植物园、公园等场所，应当按照有关规定对未成年人免费或者优惠开放。

国家鼓励爱国主义教育基地、博物馆、科技馆、美术馆等公共场馆开设未成年人专场，为未成年人提供有针对性的服务。

国家鼓励国家机关、企业事业单位、部队等开发自身教育资源，设立未成年人开放日，为未成年人主题教育、社会实践、职业体验等提供支持。

国家鼓励科研机构和科技类社会组织对未成年人开展科学普及活动。

（5）人员费用。

研学活动中，研学导师、项目专家及跟队人员的费用均计入人力成本。需外聘研学导师（或由导游兼任）、专家、安全员等，则按日或总费用进行结算。通常情况下，学校会有老师跟队，跟队人员的费用应分摊到整体成本中。

（6）保险费。

意外保险是专为意外事件导致的医疗费用而设计的，意外事故可能发生在任何时候、任何地点，通常中小学生外出时意外受伤的风险更高，购买意外险或针对险种十分有必要。通常，此类保险成本不高，并且还有优惠空间。

（7）耗材费用。

研学活动需要的物品包括出行装备（如遮阳帽、一次性雨衣、服装等）、教学用品

(如手册、笔、颜料、教具等）、实验用品（如放大镜、标本盒及各种工具等）。有些耗材是一次性的，有些可重复使用。活动奖状、奖品等物料也在此范畴。

（8）其他。

其他费用包括学校提出特别需求产生的额外费用，或由于不可抗因素而产生的额外支出等。

3. 研学旅行产品定价目标

影响研学旅行产品定价的因素是多方面的，任何一家企业制定价格，都必须按照市场定位的战略要求来进行，不同企业会有不同的定价目标，同一企业在经营的不同时期也会有不同的定价目标，定价需要考虑的因素比较多，因此定价目标也是多种多样的。具体来说，研学旅行产品定价目标主要有以下几种。

（1）维持生存目标。

维持生存目标是研学旅行企业运营所追求的最低层次目标，企业将维持自身生存作为定价的主要考量依据，该目标也被称为度过困难时期目标。当国家政策、市场竞争环境、顾客需求等变动较大的原因造成企业产品无人问津，客户流失，资金短缺时，则需要把维持生存作为企业的主要目标。此情况下，生存远比利润重要，企业可能会制定接近成本甚至低于成本的价格，以吸引更多客源，确保企业能够继续生存。这一定价目标是特殊时期的临时性、短期策略，仅为权宜之计。若要实现长远发展，企业需寻找转机，并制定更为合理的长期目标。

（2）利润最大化目标。

研学旅行企业通过制定较高的价格，旨在短期内迅速获得最大利润。此目标的前提是该企业产品在市场上供不应求，竞争对手实力不足以构成威胁。在此情况下，可采用提高价格的策略来实现这一目标，从而使研学旅行企业在市场上处于领先地位。然而，利润最大化目标不能长时间实施，因为会影响产品市场占有率，给竞争者提供机会。因此，研学旅行企业要适时调整策略，制定长期的定价目标。

（3）收益导向目标。

研学旅行企业通过定价策略，在一定时间内使旅游产品的价格有利于投资成本的回收，并获取一定的投资收益。这种方法以获得一定的销售利润为目标，适用于资金雄厚、竞争力强的大企业，因为能与其抗衡的企业较少。

（4）维护或扩大市场占有率目标。

研学旅行企业从占领研学旅行市场的角度出发，制定产品价格，这一目标注重长期利益。市场占有率又称市场份额，反映企业在市场上的地位。市场占有率是指研学旅行企业产品的销售量在研学旅行市场同类产品中所占的比重。通常市场占有率与产品价格成反比。一般情况下，市场占有率越高，产品成本越低，市场竞争力越强。

（5）稳定市场价格目标。

这一定价目标的核心在于保障企业的存续与发展。研学旅行企业为了稳定地占有市场，避免不必要的价格竞争，在研学旅行产品市场供求关系和市场竞争相对正常的情况下,以稳定的价格取得合理的利润。

(6)应付与防止竞争目标。

研学旅行企业通过判断竞争需要来制定研学旅行产品的价格,一般是将对研学旅行市场价格有决定性影响的竞争者的价格作为定价的基础。如果研学旅行企业在资金、产品品质、服务水平等方面具有优势,可以适当提高产品价格,反之,如果实力不足,应降低产品价格。

4. 研学旅行产品价格的影响因素

把握研学旅行产品价格的影响因素是制定价格的基本前提。影响研学旅行产品价格决策的因素是多方面的,包括可控因素和不可控因素(图2-3)。

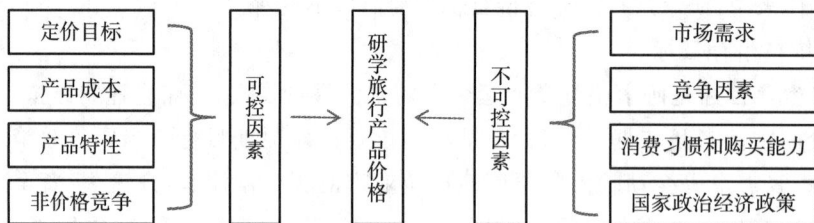

图 2-3　影响研学旅行产品价格的因素

(1)可控因素。

影响研学旅行产品价格决策的可控因素包括定价目标、产品成本、产品特性、非价格竞争等。

①定价目标。

研学旅行产品价格的制定,必须按照研学旅行企业目标市场定位战略的要求进行。定价要考虑的因素较多,定价目标也多种多样,不同企业有不同的定价目标,同一企业在不同时期也有可能有不同的定价目标,应权衡各个目标的依据及利弊,慎加选择,如维持生存目标、利润最大化目标等。

②产品成本。

研学旅行产品的价格由成本、税金和盈利组成,产品的最高价格取决于市场需求,最低价格取决于成本。从发展的角度来看,研学旅行产品价格都要高于成本,否则企业将无法生存,可见研学旅行产品成本是企业盈亏的分界线,是影响研学旅行产品定价的基本因素。因此,研学旅行经营企业制定价格时需要估算成本,包括固定成本、变动成本、制造成本、使用成本和机会成本等,也要考虑本企业的个别成本,将个别成本和社会平均成本进行比较。

③产品特性。

研学旅行产品分为知识科普型、自然观赏型、体验考察型、励志拓展型、文化康乐型,每种类型的产品都有各自的特性,同一种类型的产品也因品质高低而定价不同。品质高、市场认知形象好的产品可定高价,而品质一般、市场认知形象一般的产品可定中低价。想要提高产品价格,可在研学旅行产品特性上多下点功夫。

④非价格竞争。

非价格竞争主要指企业通过除价格以外的其他因素进行竞争,以占领更大的市场份额。研学旅行企业可通过提高品牌影响力、提升服务质量、优化售后服务、增加产品附加值等方式提高产品在市场上的竞争力。非价格竞争因素有很多,如加强宣传促销、疏通销售渠道、提升服务品质等。

🔍 教学互动

价格竞争和非价格竞争

有两家研学旅行企业,其中A企业主要采取低价策略和补贴政策来吸引消费者,而B企业则以提高产品的品质和服务的质量来赢得消费者。

问:哪家企业发展前景更好,为什么?

（2）不可控因素。

影响研学旅行产品价格决策的不可控因素包括市场需求、竞争因素、消费习惯和购买能力、国家政治经济政策等。

①市场需求。

市场需求对研学旅行企业定价有着重要影响。研学旅行产品是非生活必需品,需求弹性大,价格决策一定要考虑市场需求因素。研学旅行的价格受市场需求的影响,在研学旺季,受相关成本产品价格上涨的影响,研学旅行产品价格会呈上涨趋势,反之,则呈下降趋势。

🔍 行业观察

故宫博物院票务政策

故宫博物院位于北京市,旧称紫禁城,始建于明代永乐四年(1406年),1420年基本竣工,是明、清两代的皇宫,是世界现存最大、最完整的古代宫殿建筑群。

1.门票价格

(1)每年4月1日至10月31日为旺季,大门票60元/人;

(2)每年11月1日至次年3月31日为淡季,大门票40元/人;

(3)珍宝馆门票10元/人;

(4)钟表馆门票10元/人。

2.大门票优惠政策

(1)未满18周岁的中国公民(含港澳台居民及获得永久居留权的外国人)免费参观,但需预约。未满14周岁的未成年人入院参观须有成年人陪护,1名成年人最多可带3名未满14周岁的未成年人。

（2）18周岁以上、本科及以下学历（不含成人教育），可购学生票，淡旺季均为20元/人。检票时需出示学生证、学校介绍信等有效身份证明。

（3）60周岁以上（含60周岁）老年人凭有效身份证原件，门票半价优惠。即旺季30元/人；淡季20元/人。

（4）离休干部凭离休证，免费参观。

（5）持有本市社会保障金领取证的人员，凭相关有效证件原件，门票半价优惠。

（6）残疾人凭本人残疾证件，免费参观。陪护人不享受优惠，须预约。

（7）妇女节当日（如遇周一闭馆，提前一日实行），妇女享受门票半价优惠。

（8）儿童节当日（如遇周一闭馆，提前一日实行），未满14周岁少年儿童的陪同家长一人享受半价优惠。

（9）建军节当日（如遇周一闭馆，提前一日实行），现役军人、退役军人、离退休军人、消防救援人员、烈士遗属、因公牺牲军人遗属、病故军人的遗属、现役军人家属，凭有效证件，免费参观。

②竞争因素。

研学旅行产品或多或少都存在着竞争性产品，竞争强度取决于产品的品质、供求形势和竞争格局。研学旅行企业必须采取适当的方式，了解竞争者所提供的产品质量和价格，以及主要竞争对手的实力。此外，竞争者可能会根据市场动态灵活调整价格，针对企业的定价策略作出反应。因此，研学旅行企业必须建立完善的市场监测机制，及时捕捉竞争者的价格变动信息，并制定出科学合理的应对方案。市场上存在不同规模和档次的研学旅行服务提供商，价格竞争是影响收费标准的因素之一。通常来说，服务质量和知名度越高的机构，其收费标准也会相对较高。

③消费习惯和购买能力。

消费习惯和购买能力也会影响研学旅行产品的定价策略。如果消费者更注重价格，相应企业或机构可能会采取低价策略来吸引客户，如果消费者更注重服务质量和体验，则可能会提高价格来提供更好的服务。

④国家政治经济政策。

在市场经济中，价格虽然可以敏感地反映供求关系的变化，以及资源的稀缺性，但是市场机制和价格机制并不能完全解决市场运行中存在的所有问题。为了对市场进行宏观调控并实施其经济发展战略，国家必然要制定一系列宏观经济政策，其中包括价格政策。国家宏观经济和政治经济状况对物价、社会环境、区域经济都有着极大的影响，同时影响着研学旅行产品价格。

5. 研学旅行产品定价方法

研学旅行产品价格的高低受市场需求、成本费用和竞争情况等因素的影响和制约,企业制定价格时理应全面考虑这些因素。一般来讲,研学旅行产品定价有三种导向,即成本导向定价法、需求导向定价法、竞争导向定价法。

(1) 成本导向定价法。

成本导向定价法是以研学旅行产品成本为依据和出发点的定价方法,即在明确产品成本的基础上,通过叠加适当金额或固定比例的利润,最终形成产品的价格。由于不同研学旅行企业及不同类别的研学旅行产品的成本之间存在着差异,因此在考虑成本的基础上进行定价时,所采用的方法也不同。成本导向定价法一般包括成本加成定价法、目标收益定价法、盈亏平衡定价法和边际成本定价法等。

①成本加成定价法。

成本加成定价法是指在研学旅行产品单位成本的基础上,加适当比例的加成来制定研学旅行产品销售的价格。加成是指一定比例的利润,成本加成定价公式如下:

研学旅行单位产品价格＝研学旅行单位产品成本×(1＋成本加成率)

例:某研学旅行机构核算出单位产品所需成本是500元,计划获得30％的利润,根据公式:

研学旅行单位产品价格＝500×(1＋30％)＝650(元/人)

成本加成定价法是研学旅行企业常见的定价方法,其主要优点是简化定价程序,简便、易用。但是,将一个固定的、一成不变的加成加在成本上,只是从企业本身的利益角度考虑,忽略了市场的多变性和价格弹性。因此,这种方法可能无法准确制定符合目标市场需求的价格,难以实现企业利润最大化,这在一定程度上会使研学旅行产品缺乏竞争力。

②目标收益定价法。

目标收益定价法是一种根据估计的总销售额和估计的销售量来制定价格的方法。采用这种方法时,企业首先要确定目标收益率及目标利润。目标收益定价法力求为研学旅行企业带来适当利润以弥补投资成本。具体实施时,企业需要预测总成本(固定成本加变动成本),并预测销售量,最后确定产品价格。目标收益定价公式如下:

研学旅行单位产品价格＝(总成本＋目标利润)÷预期销售量

例:某研学旅行机构核算出某次研学活动总成本为30000元,目标利润为10000元,对接单位计划出行200人,根据公式:

研学旅行单位产品价格＝(30000＋10000)÷200＝200(元/人)

目标收益定价法首先确定期望达到的目标利润,目标利润需根据企业的资金情况、市场份额和竞争状况等因素来确定。以目标利润为依据推算产品价格,目标收益定价法可以帮助企业确定适当的价格,在预定的期限内回收投资成本,实现经营目标。

与成本加成定价法一样,目标收益定价法也是更多地考虑研学旅行企业的利益,忽略了市场和竞争状况,适用于市场占有率较高的企业。

③盈亏平衡定价法。

盈亏平衡定价法也称为保本定价法或收支平衡定价法,企业根据总成本和估算销售量,精准地计算出产品的价格。按照该方法计算,只有当企业的总收入等于总成本时,才能实现盈亏平衡、收支相抵。根据盈亏平衡定价法确定的研学旅行产品价格,是研学旅行企业的保本价格。盈亏平衡定价公式如下:

研学旅行单位产品价格=单位产品变动成本+(固定总成本÷预期销售量)

例:某研学旅行营地共有客房300间,全部客房一天的固定总成本为6000元,每间客房每天变动成本为50元,假设某一研学旅行活动的客房需求量为200间,求研学旅行营地客房保本时的价格。

研学旅行单位产品价格=50+(6000÷200)=80(元/人)

④边际成本定价法。

边际成本指的是增加一个单位产品带来的总成本增量,即研学旅行企业增加一个产品所需要增加的食、宿、行、人工、材料等费用。边际成本定价法指的是研学旅行企业在定价时忽略固定成本,只计算变动成本,以预期的边际贡献补偿固定成本并获得收益的方法,又称边际贡献定价法。采用这种定价方法时,只要价格高于单位产品的变动成本,企业就可以继续经营。如果边际贡献不足以补偿固定成本,企业则面临亏损。边际成本定价公式如下:

边际贡献=产品价格-变动成本

产品利润=边际贡献-固定成本

也就是说,只要单位产品价格大于单位产品变动成本就可销售。

例:某研学旅行基地固定成本为1000元/天,变动成本为500元/天。当前为经营淡季,产品销售存在困难,为了减少亏损,可选择边际成本定价法来确定产品价格,也就是说,单位产品价格只要高于变动成本500元就可以销售。

边际成本定价法一般是在经营困难、竞争激烈时,企业为了开拓市场时采用,虽然会造成一定的利润损失,但是能保证企业在艰难的市场环境下减少亏损,也可以根据客户需求和竞争状况做出调整,具有一定的灵活性。

教学互动

某研学旅行机构开发的课程单位变动成本是100元,总固定成本是10000元,预计参加此次研学旅行活动的学生有200人,机构预期收益是10%,请用成本加成法计算该课程的定价。

(2)需求导向定价法。

需求导向定价法是一种以市场需求强度及消费者感受为主要依据的定价方法,以需求为中心的定价方法强调应依据消费者对产品价值的认知和对产品的需求来制定价格,而不是以生产成本为中心制定价格。需求导向定价法包括认知价值定价法、需求差异定价法和反向定价法三种。

①认知价值定价法。

认知价值定价法是指以研学旅行参与者对产品价值的认知价格和理解程度为依

据制定研学旅行产品价格的定价方法。企业首先要决定所提供的研学旅行产品价值及价格,之后要估算在此价格下所能销售的数量,再根据这一销售数量决定所需要的成本,接着计算在此价格和成本下能否获得满意的利润。认知价值定价法的关键在于准确地计算产品所提供的全部市场认知价值,当商品价格与研学旅行消费者对商品价值的理解大致一致时,消费者就会接受这种价格,反之则不予接受。为准确把握市场认知价值,企业必须进行深入的市场营销研究。

②需求差异定价法。

需求差异定价法是指研学旅行企业针对不同对象、时间和地点,依据基本价格来确定不同价格的方法。采用此种定价方法的前提是对市场进行细分,分析不同细分市场中同类产品的市场需求。市场细分可以从消费者、地理位置、产品差异、时间不同等多个方面进行。需求差异定价法的优点是可以使企业定价策略最大限度地符合细分市场的需求,促进商品销售,帮助企业获得最佳的经济效益。

③反向定价法。

反向定价法是指研学旅行企业依据消费者能够接受的最终销售价格,在计算出自身经营成本和利润后,逆向推算出产品的批发价和零售价。这种定价方法不以实际成本为主要依据,而是将市场需求作为定价的出发点,力求价格能够被消费者所接受。采用这一定价法时,需要对产品的市场容量和商品的价格弹性有比较准确的估计,并且企业的目标利润是确定的。这样才能确保反向定价法在实践中得以有效实施。

(3)竞争导向定价法。

竞争导向定价法指研学旅行企业在制定价格时,主要以竞争对手的价格水平为参照依据,使自身产品价格与竞争产品价格保持一定的比例关系,即根据市场竞争状况的变化来确定和调整产品价格。通常竞争导向定价法有两种方法,即率先定价法和随行就市定价法。

①率先定价法。

率先定价法是指研学旅行企业根据市场竞争环境,率先制定出符合市场行情的产品价格,以吸引消费者而争取主动权的定价方法。率先定价法适用于竞争力较强或者具有差别化产品的研学旅行企业。使用此方法前,研学旅行企业要进行认真的市场调研,具体步骤如下:一是研学旅行企业要将竞争企业的产品价格与本企业估算的价格进行比较,并进行等级划分;二是将本企业研学旅行产品的成本、品质、课程内容、课程特色等与竞争企业进行比较,寻找价格差异的原因;三是综合考量以上因素,确定本企业研学旅行产品的市场地位、课程特色以及课程实施优势,结合定价目标,确定研学旅行产品价格;四是要关注竞争企业价格的变化,及时调整本企业研学旅行产品的价格。率先定价法能使企业在激烈的市场竞争中获得较大的收益,居于主动地位。采用此方法,研学旅行企业更易于占领市场,并在竞争中更具优势。

②随行就市定价法。

随行就市定价法是根据研学旅行市场中同类产品的平均价格水平,或以竞争对手的价格为基础来进行定价的方法。这种方法一般有两种形式:一是价格跟随处于领先地位的研学旅行企业价格的波动而变化;二是跟随市场上研学旅行产品的平均价格波动而变化。这种方法可以节省市场调研费用,适用于一些小型研学旅行企业,这些企业将自己的产品价格与市场平均价格水平保持一致,有助于竞争者之间和平共处,维护行业和谐稳定,并降低经营风险。

不论采用竞争导向定价法的哪一种方法,都必须认真地进行市场调查研究,并在此基础上全面分析竞争对手、竞争环境和企业自身条件等各方面情况,不能盲目跟随定价。

6.研学旅行产品定价策略

(1)新产品价格策略。

任何产品,包括研学旅行产品都有其相应的生命周期,产品初上市的定价将决定产品能否在市场上立足,也影响着研学旅行企业的前途。一般来讲,新产品定价有以下几种策略可供选择。

①市场撇脂定价策略。

市场撇脂定价策略是指在研学旅行产品生命周期的最初阶段,把产品价格定得较高,以便在较短的时间内获得最大利润的一种定价策略。之所以这样做,是因为有些购买者主观认为某些产品具有很高价值。

优点:可以在短时间内取得较大利润且有较大的降价空间;有利于尽快收回成本;可提高产品的身价;限制竞争者的加入。

不足:因价格较高,难以扩大销路,不利于开拓市场。

适用条件:产品具有较强的独特性,不易被竞争对手模仿;有大量消费者能接受这种高价并愿意购买;竞争者在短期内难以进入该产品的市场。

市场撇脂定价策略是一种短期的定价策略,若要长期使用这种策略,企业需要不断创新产品,保持高位价格。

②市场渗透策略。

市场渗透策略与市场撇脂定价策略相反,是将新产品价格定得较低,以吸引大量消费者,提高产品的销售量,其目的是迅速占领市场,以获得较高的市场占有率。

优点:比较容易打开产品销路,增大销售量;低利润对于竞争对手的吸引力不大,提高了企业的竞争力。

不足:投资回收期较长,价格变化余地小,无法通过降价吸引消费者。

适用条件:目标市场对价格敏感,研学旅行产品具有一定潜力但目前市场份额较低,生产和销售成本必须能随销量的增大而降低。

③满意价格策略。

满意价格策略是一种折中的定价策略,它介于撇脂定价策略和市场渗透策略之间。它既能保证企业获得一定的初期利润,又能为消费者所接受。

优点:价格较稳定,在正常情况下,仍可获得一定的利润,避免不必要的竞争。

不足:保守、被动,缺乏适应性和灵活性。

(2)心理定价策略。

心理定价策略是一种为了刺激和迎合消费者购买研学旅行产品心理动机的定价策略,具体包括尾数定价策略、整数定价策略、声望定价策略。

①尾数定价策略。

尾数定价策略是利用消费者对数字的某种心理认知,尽可能在价格数字上不进位,按照一个零头尾数结尾的非整数价格来定价。这种定价方式能够使消费者产生价格较为低廉的心理感受。例如,将100元的活动课程定价为98元,仅差2元,但给消费者的心理感觉却是从三位数降到了两位数,从而让他们觉得买到了物美价廉的产品,增强了产品的吸引力。

②整数定价策略。

整数定价策略是采用舍零凑整的方法制定整数价格,这样的价格方便记忆,与尾数定价策略相比,它强化了商品的高质量,有提高价值的作用。此定价策略满足了一些消费者想要通过整数价位彰显个人社会地位、声望和财富等的心理需要。

③声望定价策略。

声望定价策略是根据产品在消费者心目中的威望,制定较高价格的一种定价方法。购买这种产品的消费者在意的是产品能否体现其身份和地位。名优研学旅行产品适宜采用此法,因为消费者有崇尚名牌的心理,往往以价格判断质量,认为高价代表高质量。

(3)折扣价格策略。

折扣价格策略是根据不同的交易方式、数量、时间及条件,在基本价格的基础上加上适当的折扣形成实际售价的定价策略。其目的是通过让价来稳定老顾客、吸引新顾客,从而加快资金周转。该策略包括数量折扣、现金折扣、功能折扣、季节折扣等。

(4)促销定价策略。

促销定价策略是一种促销导向的定价策略,定价时要考虑企业促销活动的需要,使价格与促销活动相互协调。例如,当研学旅行企业进行专门的促销活动或逢重要的节假日,可以借机进行特价促销。一般说来,在淡季采用这种策略更为适宜。

二、研学旅行产品报价流程

研学旅行产品价格是营销策略中的核心要素,直接反映了产品的价值。价格是消费者了解产品的渠道,其合理性直接影响产品的销售额和利润水平。因此,研学旅行企业在核算产品价格时,需要进行深入研究,规范研学旅行产品报价流程。研学旅行产品报价流程如图2-4所示。

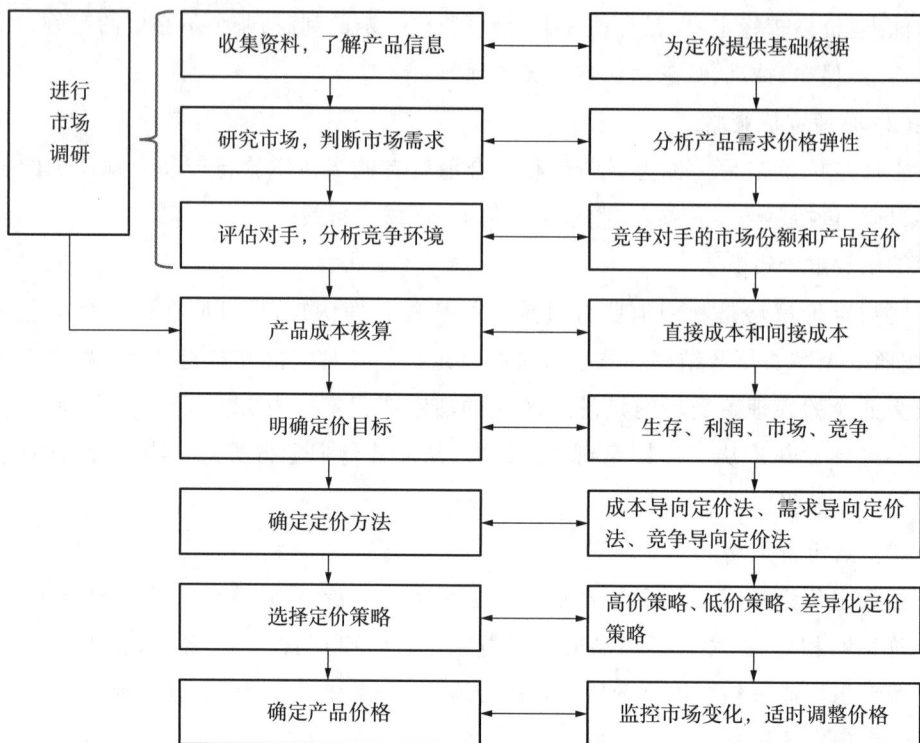

图 2-4　研学旅行产品报价流程

1.进行市场调研

（1）收集资料，了解产品信息。

研学旅行企业在制定产品价格之前，需进行市场调研，了解市场上同类产品的相关信息，如市场供求关系、同类产品定价情况、竞争对手情况等方面的资料，并对收集到的信息进行整理、分析，为本企业产品的定价奠定良好的基础。

（2）研究市场，判断市场需求。

研学旅行的目标市场主要是中小学生，要对各校学生的情况进行分析，主要考虑国家政策导向、地方性法规要求、学校相关规定、地区经济发展状况、当地消费习惯以及学生对研学旅行产品的偏好等因素。

（3）评估对手，分析竞争环境。

根据市场调研结果，结合同类研学旅行产品的定价情况，考虑产品的竞争力。由于所有的定价策略都是有竞争性的，所以竞争对手的产品成本、定价和促销模式是研学旅行企业要考虑的重要因素。研学旅行企业可以将产品成本与竞争者的产品成本进行比较，以了解本企业是否具有竞争优势。同时，竞争者产品的质量也是了解的重点。

教学互动

在哪些情况下，研学旅行产品的定价要低于竞争对手？

提示:在定价过程中,要充分考虑存在的竞争因素,根据具体的情况考虑价格是高于竞争对手还是低于竞争对手。

①考虑定价策略高于竞争对手的因素分析。

②考虑定价策略低于竞争对手的因素分析。

2. 产品成本核算

在研学旅行产品市场调研的基础上,企业需要对产品的实际成本进行核算。成本分为直接成本和间接成本两部分:直接成本包括交通、酒店、门票及耗材等相关采购费用,间接成本则包括课程管理费用、销售费用等。通过成本核算,研学旅行企业可以清晰地了解产品的成本构成,为产品定价提供参考。对研学旅行产品进行成本核算的流程如下。

（1）估算成本。

产品成本是确定学校、家长可接受价格范围的最低点,即定价范围的下限。

（2）确定利润目标。

为了相对准确地确定研学旅行企业的目标利润,企业需要深入了解目标市场对产品或服务的认知和接受程度。

根据市场调研和成本核算结果,研学旅行企业确定合理的利润水平。同时,根据企业战略、产品差异化等因素,企业可以调整利润水平。

3. 明确定价目标

研学旅行企业必须明确本企业的规模、资金情况、经营状况,以及所处的社会环境和市场偏好等。同时,明确企业产品的目标,是为了生存、获取利润、争夺市场份额,还是为了提高竞争力。研学旅行机构应在一定时期内,根据市场供求关系,明确自己的定价目标,这是制定价格的前提条件。

4. 确定定价方法

研学旅行产品价格定得过高可能会让人望而却步,定得过低又会使企业的利润得不到保证,甚至亏本。因此,研学旅行企业在定价时必须考虑产品成本、竞争对手产品价格,以及替代产品的特色和价格三个基本因素,并据此确定成本导向、需求导向和竞争导向这三类不同的定价方法。

5. 选择定价策略

根据前期市场调研、成本核算和确定的定价目标,研学旅行企业在制定定价策略时需要综合考虑市场需求、产品价值、利润目标及竞争对手的定价情况,制定出符合市场规律和产品实际的定价策略。这些策略具体包括高价策略、低价策略、差异化定价策略等。同时,企业还需选择适当的定价策略组合,如新产品定价策略、折扣定价策略、心理定价策略等。

6. 确定产品价格

在确定了定价策略后,研学旅行企业需要进一步制定具体的定价方案。这要求研学旅行企业综合考虑产品成本、市场需求、定价目标、定价策略、预期利润和竞争对手的差异化等因素,设定具有竞争力的最终合理价格。需要注意的是,选择某种定价策略所制定的价格并非该产品的最终价格,而只是基本价格,最终价格的确定要考虑多重因素,如环境变化、政府干预、竞争对手作出的反应、消费者对产品价格的心理认定等。

知识训练

研学旅行产品定价策略有哪些?如何选择定价策略?

技能训练

请根据北京6日研学旅行活动安排(表),查找相关信息进行报价,对完成任务的情况进行评价。

北京6日研学旅行活动安排

时间	目的地	研学行程	住宿	用餐
D1 7月11日 周二	启程	重庆前往北京,抵达北京开启研学之旅 接G352次重庆北—北京西17:04高铁	营地	—
D2 7月12日 周三	孔庙和国子监博物馆	国子监为中国古代教育体系中的最高学府,又称国子学或国子寺。在这里,学生可以了解古代科举考试的相关知识,学习古代礼仪,感受中华礼仪之美,传承传统文化,领略先贤风采,体悟师道威严	营地	早、中、晚
	胡同探秘	了解北京这座城市,了解北京人的生活,去看看胡同和四合院。穿行于古香古色、千年历史积淀的老胡同里,了解北京老胡同的格局、四合院的结构,体验什么叫"门当户对"	营地	早、中、晚
	中国工艺美术馆、中国非物质文化遗产馆或"鸟巢""水立方"	用心感受中国传统文化的魅力,让中国优秀的工艺美术、非物质文化遗产焕发新时代光彩	营地	早、中、晚
		"鸟巢"与"水立方"分别是2008年北京夏季奥运会主体育场和主游泳馆。"鸟巢"是"第四代体育馆"杰出建筑,设计融入绿色、科技、人文理念,是2008年奥运会独特且有历史意义的标志性建筑,在奥运史和世界建筑发展史上意义重大,为21世纪建筑发展提供宝贵借鉴。"水立方"集先进设施与独特设计于一体,不仅见证了奥运辉煌,也成了北京标志性建筑	营地	早、中、晚

续表

时间	目的地	研学行程	住宿	用餐
D3 7月13日 周四	天坛公园	这座昔日帝王寄托神圣愿望的古坛荟萃了古建筑、历史、文物、美学、声学等无尽的文化瑰宝,成为无数传统文化爱好者探寻的对象,也成为大家敬畏自然、祈求美好愿望之地,这里有着太多连接古今的文化密码,值得细细探索	营地	早、中、晚
	北京市规划展览馆	全面展示北京城市规划建设发展的过去、现在和未来的大型主题展览馆,领略不同时代北京城的独特风貌	营地	早、中、晚
	天安门广场	当太阳落到地平线时为降旗时间,那一刻庄严而幸福,眼中不禁噙满了自豪的泪花;这一天,你也许会默默地立下誓言:做一个对祖国有贡献的人	营地	早、中、晚
D4 7月14日 周五	居庸关长城	1.了解居庸关的历史及长城在我国古代军事中的重要作用 2.分辨长城上瞭望口、垛口、射口、烽火台的位置及功能	营地	早、中、晚
	中国电影博物馆	目前世界上最大的国家级电影专业博物馆,是纪念中国电影诞生100周年的标志性建筑,是展示中国电影发展历程、博览电影科技、传播电影文化和进行学术研究交流的艺术殿堂,是爱国主义教育基地、青少年电影文化活动基地和科普教育基地等	营地	早、中、晚
D5 7月15日 周六	北京科技大学或清华大学艺术博物馆	参观北京科技大学,观赏校园核心建筑,深入了解学校历史与文化、景点背后的故事,分享大学校园生活。在实践课堂上,学习飞行器原理并动手制作电动直升机。此外,开展互动比赛——避障机器人编程设计大比拼	营地	早、中、晚
		走进清华大学艺术博物馆,感受文化与心灵的碰撞,开启一场身临其境的艺术审美之旅。这里凝聚着几代清华人的心愿,承载着清华人传承与弘扬中华文化艺术的使命	营地	早、中、晚
	参观中国人民抗日战争纪念馆/卢沟桥	"天地英雄气,千秋尚凛然。"英雄先烈是我们民族的脊梁。我们应缅怀先烈,牢记历史,深入学习党史和建国史,特别是抗日战争时期,先辈们抛头颅、洒热血的大无畏革命精神,感悟中国人民抗日战争这一伟大胜利的意义,深刻体会中华人民共和国成立的来之不易	营地	早、中、晚

续表

时间	目的地	研学行程	住宿	用餐
D6 7月16日 周日	返程	早餐后,在北京西站乘 G371 次列车返家 (7:44—17:21)	—	早

任务五　研学旅行地接计调操作流程

🌀 任务导入

　　2024 年 7 月正是暑假研学旅行旺季,北京 A 研学企业每天接待的研学团队特别多。上海 B 研学企业于 7 月 25 日组织了一个由 50 名初中生组成的研学团队,计划在北京进行为期 5 天的研学活动,由北京 A 研学企业负责接待。此前,北京 A 研学企业计调人员小张与上海 B 研学企业计调人员小王已经就接待计划进行了确认。但是,7 月 23 日,上海 B 研学企业又增加了 5 名学生加入此研学团队。小王马上给小张打电话,告知这一变更并得到了小张的同意,同时,小王将更改后的计划发送给了小张。小张在收到更改计划后,虽然进行了确认,但由于当时接待的研学团队数量众多,他未能及时更新接待计划。7 月 25 日,当增加的 5 名学生到机场后,发现研学交通大巴车的座位不够,也没有为他们安排酒店住宿,这一情况引发了他们的不满,遂向文旅相关部门投诉。

　　思考:小张应从此事件中吸取哪些教训?

　　分析:旺季时,团量集中,工作量大,几乎所有员工都会超负荷工作,这种情况下最容易出差错。小张应该严格按照计调工作流程进行操作。特别是当有变更情况时,一定要及时更新计划,及时调整预订,保质保量地接待每一位客人。

🌀 任务重点

　　掌握研学旅行地接计调操作流程。

🌀 任务重点

　　灵活处理常规问题和突发事件。

🌀 任务实施

一、研学前的工作流程

(一)接收带团任务

国内地接计调的工作流程是从接受任务开始的。地接计调人员在此环节一定要做好记录,明确研学团队的基本情况和要求,包括但不限于学生学段、团队人数、抵达时间、往返交通方式、住宿标准、主要研学旅行基地(营地),以及有无特殊要求等。为了减少和避免工作中的失误,地接计调人员应认真记录沟通的要点,重复确认组团社所提出的各项要求。

(二)确定研学旅行产品和价格

1. 确定线路

(1)审核组团社提供的研学线路。

如果组团社提供了研学线路,就要仔细阅读并审核组团社的安排是否合理,同时考虑地接方面的特殊情况及可行性。如发现不妥,要向组团社说明并提出合理且可行的改进建议。

(2)推荐地接社现有的研学线路。

如果组团社没有提供研学线路,地接计调人员可以推荐地接社现有的研学线路。

(3)重新设计研学线路。

如果组团社对现有的研学线路不满意,地接计调人员可以结合需求设计研学线路,经双方协商同意后作为最终的研学线路。

2. 确定价格

地接计调人员根据行程安排,以询价表(表2-3、表2-4)的方式向需要提供服务的酒店、餐厅、用车服务提供商、研学旅行基地(营地)等各个单位一一询价,并要求对方尽快回传确认。在向各协作单位询价之后,进行内部计价,将各合作单位的价格相加,就构成了地接社的成本。随后,在地接社总成本的基础上加上一定的利润,就可以向组团社报价。

案例聚焦 ▽

紧凑行程影响研学学习效果

表2-3 酒店询价表

酒店名称	酒店地点	标间价格/元	标间房间数	大床房价格/元	大床房房间数	是否含早	司陪房是否免费

填表时间: 年 月 日

表2-4 餐厅询价表

餐厅名称	餐厅地点	午餐餐标/元	晚餐餐标/元	是否方便停车	距离××研学目的地距离	推荐备选餐厅	正餐是否每桌含两大瓶软饮

填表时间: 年 月 日

（三）签订研学旅行合同

与组团社确定价格之后，就可以签订正式的研学旅行合同，对双方约定的事项进行程序上的确认，这是地接计调人员在操作上不可缺少的程序。第一步，与组团社协商付款方式及付款时间。第二步，与组团社确定违约补偿办法。第三步，与组团社拟定协议书。协议书的内容包括研学时间，付款方式及付款时间，交付金额，双方的权利、义务、违约责任等。第四步，确定具体事项。双方协商时注意文字表述的严谨性，避免发生争议。应提醒对方合同中的敏感条款，并加以适当的解释和说明。第五步，核实签字。在双方没有任何异议的情况下，签字生效。地接计调人员一定要注意，如果任何一方没有签字，则该协议或合同将视为无效。

（四）确定团名和团号

1.确定团名

研学团队的团名就是研学团队的名称，一般由"地区（省或城市）＋组团社（简称）＋线路名称"组成，用中文表示。例如，上海华夏旅行社接待北京春秋旅行社组织的到上海的5日研学团队，可以命名为"北京春秋上海5日研学团"。

2.确定团号

研学团队的团号是在国内组团社团号前加两位简约代码。例如，湖南某旅行社的研学团队可以命名为"北京双飞7日研学团"。其出团日期为10月7日，出团数为第一个团，其规范团号为"HBB07-2F1007A"。又如，地接社为北京阳光旅行社，则在团号前加公司代码YG，接团后团号为"YGHBB07-2F1007A"。

🔭 知识拓展

世界旅游组织（WTO）范围内规范团号的设定方法如下：国内组团社团号＝旅游目的地所在区域及第一个游览城市的拼音首字母（共三个字母）＋总行程天数＋团队等级＋交通方式代码＋出团月日＋团队序号。

（1）首先参照基本代码设定团号，前两位英文大写字母为区域代码，第一位和第二位代表大区，与第三位（第一个游览城市的拼音大写）组成团号代码。

（2）第四位和第五位代表游览天数，团队游览时间按照国家规定日期由两个阿拉伯数字表示。

（3）第六位代表团队的等级，H代表豪华团，B代表标准团，S代表散拼团。

（4）连接横线后两位是交通等级，如双飞（2F）、单飞（1F）、一飞一卧（1F1W）、双卧（含船）（2W）、双座（2Z）、全程汽车（2T）等。

（5）交通等级后两位是旅游团出团时间，按照国家规定月份和日期由两个阿拉伯数字表示。

（6）团队序号，是指当日发出的第几个同类团队，用26个英文字母排序。

（五）编制团队动态表

编制接待计划，是指地接计调人员将人数、抵/离航班（车次）信息、时间、住宿酒店安排、餐馆预订、研学点规划、地接社信息、接团时间及地点，以及其他特殊要求等逐一登记在团队动态表中。

（六）发送计划

发送计划就是研学旅行地接计调人员向各有关部门发送计划书，逐一落实接待任务。

1. 用房

根据研学团队人数、要求，地接计调人员以传真的方式向协议酒店或指定酒店发送订房单并要求对方提供书面确认。如遇人数变更，应及时更改，告知并发送邮件至协议酒店或指定酒店，并要求对方书面确认；如遇酒店无法接待，应及时通知组团社，经同意后调整至同级酒店。表2-5所示为北京××研学团酒店确认单。

表2-5　北京××研学团酒店确认单

To:		From:北京××国际研学旅行股份有限公司			
Tel:		Tel:			
Add:		Add:北京市朝阳区××A座××			
酒店负责人		联系电话		转账方式	
预订房型	商务双人标准间	订房数量		定金	
总计房费					
入住时间	年　月　日　时至　年　月　日　时,共　晚				
总人数	老师		学生		司陪
	男： 人	女： 人	男： 人	女： 人	男： 人 　女： 人
住宿需求	标准间(含票含早)		大床房(含票含早)		三人间/其他(含票含早)
	元/晚		元/晚		元/晚
	其他： 早餐菜单：				
会议室需求	大小		间数		用途
	其他：				

续表

其他需求	楼层要求		男女分层	是/否	条幅/滚动屏	是/否
	洗漱用品		无线网络		吹风机	是/否

备注：	1.收到订房委托后,请速将订房回执传回我方; 2.关于代订费、房费结算单相关事宜,请联系我方住宿对接人; 3.具体结算金额,根据实际入住人数结算

酒店名称：(盖章) 负责人： 时间：	公司名称（盖章）： 负责人： 时间：

教学互动

北京××国际旅行社接待河南某中学高一学生北京6日研学团,研学主题为"文化研讨",能否使用表2-6所示的酒店确认单确定酒店信息? 如不能,应该增加或减少哪些内容?

2.用车

根据团队人数及具体要求,地接计调人员向协议车队发送订车单并要求对方提供书面确认。如遇变更,及时做出更改,同时要求对方进行书面确认。

3.用餐

根据团队人数及用餐要求,地接计调人员需要通过电子邮件或电话方式通知餐馆(饭店),并发送订餐单。如遇变更,及时调整,同样要求对方进行书面确认。表2-6所示为××研学团用餐确认单。

表2-6　××研学团用餐确认单

用餐信息：				
订餐单位名称	××××××	预订日期		年　月　日
预订人		联系电话		
用餐人数	人,共　桌	开餐时间		年　月　日　时
用餐标准	元/桌(　桌备　桌)			
餐单信息				
餐厅确认信息：				
餐厅名称(盖章)		联系人		
联系电话		确认日期		年　月　日

4. 地接社

如果研学旅行活动包含异地研学,就需地接计调人员向地接社发送团队接待通知书并要求对方提供书面确认。如遇变更,及时做出更改,并要求对方进行书面确认。

(七)确认计划

确认计划就是地接计调部门向组团社确认接团的相关事宜。研学接待计划是地接社和组团社合作的基础及处理研学纠纷的法律依据。从理论上讲,地接社和组团社只有共同完成研学接待任务,才能获得相应的经济回报。但在实际合作过程中,地接社和组团社之间出现纠纷的现象并不少。对此,研学接待计划可以起到规范双方权利和义务的作用,当组团社与地接社就研学行程和报价达成一致后,双方即进入研学接待计划的确认阶段。

1. 确认接待计划

(1)组团社要求确认接待计划。

组团社把研学接待计划发给地接社时,在计划中会附有一份回执,要求地接社在收到接待计划后,将计划落实情况确认后盖章回传给组团社。这样,组团社收到回执后就可以放心发团。地接社对确认的接待计划负有法律责任。

(2)地接社不能确认接待计划时,要主动通知组团社。

地接社计调部门收到组团社发来的接待计划后,应立即落实接待事宜。若有个别不能确认的团队或团队计划中有不能确认的项目,要及时通知组团社,以便组团社及时做出调整。

2. 确认的方式

地接社以确认单的方式向组团社确认接待计划,研学团接待确认单示例如表2-7所示。

表2-7 北京××研学团接待确认单(样表)

行程日期		2024年7月11—17日 人数	人数	30+3人	地陪	1人
接待社		北京××国际研学旅行股份有限公司	操作		联系电话	
组团社			操作		联系电话	
接站标志		举"××国际"导游旗接站				
接待标准	门票	景区首道大门票及研学体验费				
	住宿	营地住宿4人间 独立卫浴				
	车票	北京当地空调旅游车 52座				

续表

接待标准	餐费	全程6早11正
	导师	北京地接研学旅游指导师1名
	其他	研学综费＋操作费
	保险	北京当地研学保险
费用不含		不含个人消费
报价		学生：2410元/人×30人＝72300元 成人：1650元/人×3人＝4950元
备注：		费用总计77250元；请于7月11日之前付清全款 账号信息： 名称：北京××国际研学旅行股份有限公司 开户行及账号：交通银行股份有限公司北京右安门支行1100××××××0025731
说明		车次信息请提前告知，收到此确认件请仔细阅读，没问题请盖章确认回传并按要求打款
甲方： 操作员： 日期：		乙方：北京××国际研学旅行股份有限公司 操作员：俞×× 日期：2024年7月10日

1.即日起，北京进入旅游旺季，各景区门票供应紧张，无法保证全部购得。我们将全力以赴进行抢票，但仍无法承诺一定能购得各景区门票，尤其是故宫博物院的门票。若出现未能抢到票的情况，我社将按照此前约定的替代方案执行。望各位同仁提前与客人沟通解释，做好相关预防工作，谢谢！

2.行程中涉及的景区、场馆等研学地点，若因首都政策性原因（包括但不限于特殊原因导致无法入内参观等），原则上优先替换为同类型景点。由此导致的行程游览顺序调整或行程变更，不视为我方违约。

（八）编制预算

编制团队预算单，注明现付费用及用途，交由主管审核后报财务部门审核；如需要借款，需同时填写借款单，与预算单一并交部门经理审核签字，再报总经理签字。最后，凭预算单、接待计划、借款单、车队回传确认单、房间回传确认单等向财务部领取借款。

（九）下达计划

下达计划就是地接计调部门给本社接待部门下达具体的接待事宜。需要编制接待计划表（表2-8）及附件，编制好后由计调人员签字并加盖团队计划专用章。研学者有特殊要求的（如分房要求）或组团社重点备注的，也必须在名单中标示出来。

Note

表 2-8　研学团队接待计划表

产品名称						
团名		人数			组团社	
出发时间		行程共计	天　夜 （含在途时间）		结束时间	
出发地点		途经地			目的地	

一、行程与标准

行程时间	研学地 （活动时间/小时）	交通工具标准	住宿标准	房间标准	其他活动
月　日					
月　日					
月　日					
月　日					

备注：

（1）"交通工具标准"栏中不含景区内观光车、索道等，应按各类别的标准填写，例如：飞机，头等舱/商务舱/经济舱；火车，普通车/空调车/动车组（其中软卧/硬卧/软座/硬座）；轮船，普通客船/星级游船人/间（其中是否有卫生间）；汽车，空调大巴/空调卧铺/普通客车

（2）"住宿标准"栏不得写"准×星"或"相当于×星"

（3）"房间标准"栏指几人间，如双人间（带卫生间）

（4）"其他活动"栏指晚间活动或自由活动

（5）行程天数不够填写可另加页

二、用餐标准

早餐　　次，标准　　元/人

正餐　　次，标准　　元/人（含菜汤）

三、住宿时，如遇单人住宿或房间标准与原计划有异，住宿差价的解决办法：

四、如因人数不足无法单独成团，本社将按约定的行程计划与_____旅行社签订委托发团合同

五、如遇不可抗力或2/3以上研学者的要求，本社研学旅游指导师有权临时调整行程

六、自费项目提示及其他注意事项

地接社名称：_____　汽车车型：_____　车号：_____

全陪：_____　手机：_____　地陪：_____　手机：_____

集合标志：_____

投诉电话：_____

各级研学相关管理机构投诉电话：_____

本计划编制人：_____

研学者认定并签字：_____

业务专用章：

年　月　日

（十）编制结算

地接计调人员需要填制研学团队结算单，经审核后加盖公司财务专用章，并于研学团队抵达前将结算单发给组团社确认，并催促对方把接待款划入该账户。

教学互动

北京一地6日研学团结算单

<table>
<tr><td rowspan="4">客户信息</td><td>客户名称：</td><td colspan="2"></td><td>联系人：</td><td></td><td rowspan="4">备注</td></tr>
<tr><td>团队性质：</td><td colspan="2">学生团</td><td>联系方式：</td><td></td></tr>
<tr><td>预计出行日期：</td><td colspan="2">7月11日—17日</td><td>主题内容：</td><td></td></tr>
<tr><td>预计人数：</td><td colspan="2">30＋3人</td><td></td><td></td></tr>
<tr><td rowspan="5">费用总结算单</td><td rowspan="2">应收费用</td><td>30</td><td></td><td>0</td><td>学生</td><td></td></tr>
<tr><td>3</td><td></td><td>0</td><td>成人</td><td></td></tr>
<tr><td>费用总计</td><td colspan="2"></td><td>×××××</td><td></td><td></td></tr>
<tr><td>已收费用</td><td colspan="2"></td><td>×××××</td><td></td><td></td></tr>
<tr><td>未收费用</td><td colspan="2"></td><td>×××××</td><td></td><td></td></tr>
<tr><td rowspan="1">分项明细</td><td>项目内容</td><td>单价</td><td>数量</td><td>学生</td><td>老师</td><td>说明</td></tr>
<tr><td>住宿</td><td>营地住宿</td><td>100</td><td>6晚</td><td>600</td><td>600</td><td>4人间设有独立卫浴，空调全天24小时开放，供应热水</td></tr>
<tr><td>餐费</td><td>6早11正，正餐50</td><td>5</td><td>1</td><td>460</td><td>460</td><td>早餐：营地10×6＝60元
午餐：50×4＋60（烤鸭餐）＝260元
晚餐：营地30×6＝180元</td></tr>
<tr><td>车费</td><td>50座</td><td>550</td><td>1</td><td>550</td><td>0</td><td>按30位学生计费</td></tr>
<tr><td rowspan="7">研学项目</td><td>国子监</td><td>0</td><td>1</td><td>0</td><td>30</td><td></td></tr>
<tr><td>天坛</td><td>0</td><td>1</td><td>0</td><td>34</td><td></td></tr>
<tr><td>居庸关长城</td><td>0</td><td>1</td><td>0</td><td>40</td><td></td></tr>
<tr><td>北京师范大学</td><td>200</td><td>1</td><td>200</td><td>0</td><td>享受满10免1</td></tr>
<tr><td>清华大学艺术馆</td><td>50</td><td>1</td><td>50</td><td>50</td><td></td></tr>
<tr><td>国家博物馆</td><td>120</td><td>1</td><td>120</td><td>198</td><td></td></tr>
<tr><td>恭王府</td><td>20</td><td>1</td><td>20</td><td>40</td><td></td></tr>
</table>

续表

研学项目	颐和园	15	1	15	30	
其他	研学旅游指导师	300	6人	1800	0	
	保险	5	7天	35	35	
	水费及小物料	50	1	50	50	
	其他物资	20	1	20	20	
	研学综费＋操作费					
	横幅等其他杂费按实际产生结算			0	0	
合计报价	学生价格			××	0	
	老师价格				××	

思考: 如果研学活动中,团队人员有变动,地接计调人员应该如何操作?

(十一) 选派研学旅游指导师

1. 选择研学旅游指导师的要求

优选高素质的研学旅游指导师是保障研学活动服务质量的关键环节。选择研学旅游指导师的要求:一是已取得研学旅游指导师资格证;二是必须掌握研学的基本情况(包括带团经验、投诉及表扬记录、仪容仪表、身体健康状况、个性、品质等),选拔具有良好职业道德、语言适配度高、专业等级高且无不良投诉记录的优秀人员带团;三是必须考察研学旅游指导师的业务技能,考察内容包含旅游知识储备、服务技能、语言运用能力、应变能力等。

2. 发送团队运行计划表等资料,交代带团注意事项

地接计调人员把研学团队运行计划表、服务质量跟踪调查表、研学团队名单、概算单等资料,以及诸如团队重点人员、民俗禁忌、用餐标准、司陪住宿安排等内容发给研学旅游指导师。研学旅游指导师必须严格执行接待计划,不得随意增减计划内容。当研学团队行程与地接社行程不符时,研学旅游指导师必须立即向计调人员汇报,不得擅自做主。研学旅行前一天,计调人员应对有关要素进行再确认,提醒研学旅游指导师做好接团准备。团队运行计划表如表2-9所示。

表2-9 团队运行计划表

团名		人数		全陪	
地陪		车号		驾驶员	
游客意见	非常满意	满意	基本满意	不满意	其他意见
日程安排					

研学旅游指导师服务				
餐饮质量				
住宿标准				
研学项目				
交通保障				
购物安排				
研学安全				
其他				

说明：

（1）为了切实保护研学学生的合法权益，加强对研学经营者特别是研学旅游指导师的监督管理，特编制本表。

（2）研学团队抵达时，由研学旅游指导师将本表分发给每位研学学生。

（3）研学旅游指导师不得随意更改研学团队接待计划。

（4）研学学生如对表中项目不满，可向各级研学相关管理（质监）机构投诉。

学生签名：

二、研学中的工作

计调人员在团队研学期间，主要监管行中服务质量，在团队研学过程中应注意"一进一出"原则（对于重点团要注意跟踪），即团队抵达第一日及团队返程最后一日都要密切关注。如果出现问题或收到投诉，应及时与研学团队沟通，以最快的速度解决问题，尽量把问题处理在当地，并形成明确的处理意见书。

（一）研学中监督工作的意义

计调人员在研学期间进行监督的意义主要体现在以下几个方面。

1.确保活动安全

一是预防意外发生。监督能够确保研学活动过程中的各项安全措施得到有效执行，预防学生受伤或发生其他意外事件。二是及时处理紧急情况。在研学活动中，若遇到紧急情况，监督人员能够迅速作出反应，采取适当措施，确保学生安全。

2.提升活动质量

一是保证教学内容的实施。监督可以确保研学活动按照教学计划进行，保证学生能够获得全面、深入的学习体验。二是促进教学方法的改进。通过监督，可以发现教学过程中的不足之处,进而对教学方法进行改进,提升教学质量。

3. 保障活动顺利进行

一是协调各方资源。监督人员负责协调研学活动中的各方资源,包括教学人员、场地、设备等,确保活动顺利进行。二是处理突发问题。在研学活动过程中,监督人员能够及时处理各种突发问题,保证活动的连续性和稳定性。

（二）研学中监督工作的主要内容

1. 监督接团过程中各接待单位的落实情况

在接团过程中,需重点监督提供交通、餐饮、住宿等服务的单位。具体而言,要监督交通工具的使用情况,特别要注意研学车辆的设施设备是否齐全、车况是否良好,因为这些因素往往会对团队的接待质量及利润产生决定性影响。同时,要监督餐饮部门落实用餐安排,特别要留意餐厅的卫生状况。在提醒研学旅游指导师订餐时,及时把研学者的宗教信仰和个别人员的特殊要求转告餐厅,避免出现不愉快或尴尬的局面。此外,还要监督住宿情况,特别要重视住宿地点的环境、设施等。提醒住宿单位严格按照协议约定的标准向研学者提供住宿服务。

2. 监督研学旅游指导师的工作情况

一是监督研学旅游指导师对研学接待计划的实施进展;二是监督研学旅游指导师的服务态度、专业水平,以及研学者对其服务的反馈评价。

（三）监督的方法

1. 实地监督

在实施接待计划的同时,地接计调人员应到达现场对各个部门及研学旅游指导师的工作进行监督。但是,在实际操作中,这一环节在执行时会有一些困难。

2. 通过电话监督

地接计调人员可以通过电话询问开展监督工作。例如,询问研学旅游指导师各个接待单位的接待情况,向接待单位询问研学旅游指导师的工作情况,向研学者询问研学旅游指导师的态度等。此方法在实际工作中应用较为普遍。

三、研学后的工作

（一）结算团队账目

研学团队行程结束,地接计调人员填制费用结算单(表2-10),找经理审核签字后交财务部报账。报账之后,地接计调人员将涉及该团的协议单位的相关款项及时登记到团队费用往来明细表中,以便核对。

Note

表 2-10　费用结算单

组团社			团号	
人数			联系人	
研学团队抵离时间	年　月　日抵达			年　月　日离开
研学团队费用	餐　费：　　　　元			
	住宿费：　　　　元			
	门票费：　　　　元			
	交通费：　　　　元 　飞机票：　　　　元 　火车票：　　　　元			
	综合服务费：　　　元			
	合计：　　　元			
备注：				

确认签字：　　　　　　报销人：　　　　　　　年　月　日

（二）总结实施成效

1.总结工作

地接计调人员对整个带团工作进行总结,检查研学旅游指导师带团日志,处理表扬与投诉。表扬和投诉都需要报告给部门领导,若有必要,需对当事人予以褒奖,或通过适当宣传手段提升研学旅行社的美誉度;有的投诉涉及多个部门,处理不好,可能会有损研学旅行社的名誉或造成经济损失,因此,地接计调人员要详细了解情况,如实向部门领导报告,做好协调工作。

2.售后服务工作

售后服务工作是指在研学者结束研学之后,由研学旅行企业向组团社或研学者继续提供的一系列服务,旨在加强与组团社或研学者的联系,主动解决他们遇到的各种问题。该工作的具体操作由地接计调人员完成。

售后服务的作用主要体现在以下三个方面。一是信息反馈,向组团社了解研学者在研学中的满意度,根据研学旅游指导师收集的研学者意见反馈单可以得到研学的基本信息,计调人员对这些信息进行整理、分析,以便了解研学团队的整体情况。二是调整策略,计调人员根据组团社或研学者的反馈信息,可以及时、有针对性地调整经营策略,以满足市场不断变化的需求。三是保持联系,计调人员与组团社或研学者经常保持联系,可以增进彼此的了解,加深感情,以期再次合作。

知识训练

1.地接计调人员研学前的工作流程是什么?

2.如何选派合适的研学旅游指导师?

技能训练

郑州一地接社接到洛阳的研学团,基本情况如下。

研学名称:户外森林教育课堂研学团。

研学地点:郑州森林公园。

研学目的:为3～12岁孩子打造户外拓展类研学活动,涵盖特色课程区、体能训练区、户外拓展区等多个功能区。

活动内容:特种部队训练课程、艺术课堂、农耕体验课堂、自然教育课堂、户外拓展项目等。

教育意义:增强学生体质,提升团队协作能力和创新思维,同时增进学生对大自然的热爱之情,引导他们尊重自然。

问题:地接计调人员应该如何操作?

项目小结

本项目主要介绍了国内研学旅行企业地接计调人员应掌握的基础知识、主要业务及工作流程。首先介绍地接计调人员各环节需准备的知识;其次说明地接产品设计的原则与流程,阐述地接计调人员各方面的采购业务,分析地接产品定价方法与报价流程;最后梳理地接计调人员的整个工作流程。

项目三
国内研学旅行组团计调业务实操

知识目标

1.掌握国内交通网络布局、旅游区划原则与特色,以及行业相关政策等基础知识。

2.熟悉并掌握国内研学旅行产品设计的原则与方法,以及定价与报价的科学策略。

3.明确各项研学旅行服务的采购方法。

4.掌握国内组团计调的工作流程。

能力目标

1.能够独立设计国内研学旅行产品,并进行定价和报价。

2.能够及时且高效地完成交通、住宿、餐饮、景点门票等服务的采购。

3.培养良好的沟通协调能力,能够协调各方资源、应对突发问题,确保研学活动的顺利进行。

素质目标

1.培养学生形成良好的职业道德与职业操守,使其在工作中能展现出高度的专业性和敬业精神。

2.提升学生的团队合作意识,促进跨部门、跨领域的有效沟通与协作。

3.增强学生对研学行业发展新动态、新技术、新知识的敏感度。

思维导图

研学旅行产品设计 ── 研学旅行产品开发概述
　　　　　　　　　└─ 研学旅行产品开发的类型

研学旅行组团计调采购业务 ── 异地研学接待服务采购
　　　　　　　　　　　　　├─ 大交通服务采购
　　　　　　　　　　　　　└─ 其他服务采购

国内研学旅行组团计调业务实操

组团研学旅行产品报价 ── 研学旅行产品价格
　　　　　　　　　　　└─ 组团研学旅行产品报价流程与报价技巧

研学旅行组团计调操作流程 ── 研学前操作流程
　　　　　　　　　　　　　├─ 研学中监督
　　　　　　　　　　　　　└─ 研学后工作

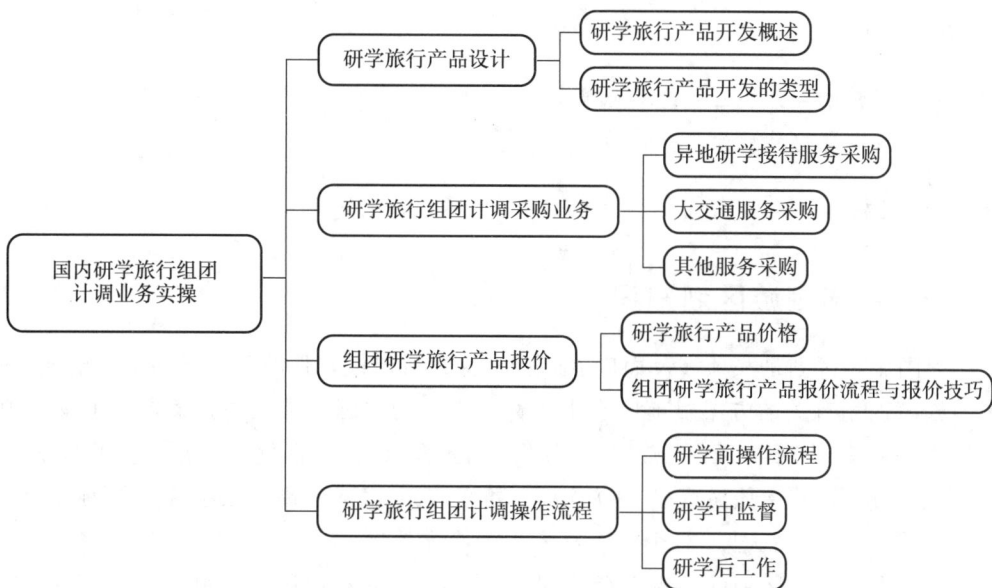

任务一　研学旅行组团计调知识准备

任务导入

　　河南省某中学精心筹备,计划于春意盎然的5月,组织高一年级共56名学生,开展以"探秘祖国大好河山"为主题的省外研学活动。

　　思考:假设你是此次研学旅行的计调人员,请为该校推荐合适的研学目的地,并规划出行交通方式,以确保旅途的顺畅与安全。

　　分析:面对"探秘祖国大好河山"这一主题的研学旅行任务,计调人员需要从多个维度进行细致的准备。首先,中国旅游区划知识帮助计调人员识别哪些区域拥有哪些旅游资源,从而选定研学旅行目的地。其次,大交通知识的运用直接关系到团队能否准时、安全地抵达各个研学点。再者,身份证是学生在旅行中的重要身份证明,计调人员需要掌握证件相关知识,确保购票、住宿等环节顺利进行,避免因身份验证问题而耽误行程。最后,地图知识的掌握不仅能提升计调人员的地理空间认知能力,还能帮助学生在旅途中更好地理解和感受研学旅行目的地的文化特色与地理环境。

任务重点

　　1.中国旅游区划知识的应用。
　　2.大交通方案的选择。

任务难点

1. 区域选择与研学主题的契合度。
2. 交通安排的灵活性与安全性。

任务实施

一、中国旅游区划知识

中国旅游区划是一项涉及面广、细致而复杂、科研性很强的工作。据不完全统计，中国旅游区划有关的方案目前已有十多种。本书的中国旅游区划方案采用了罗兹柏教授的旅游大区、旅游亚区、游览区三级描述体系，即把中国旅游区划分为华北旅游区、华东旅游区、华南旅游区、华中旅游区、西南旅游区、青藏高原旅游区、西北旅游区、东北旅游区8个旅游大区、31个旅游亚区和73个游览区。

旅游大区为本区划的一级区，跨越两个或多个省级行政区域，地理上集中连片，自然条件相近，社会经济环境和历史文化相似，旅游资源具有共性特征，区内各省区可加强横向联系，协调发展区域旅游。旅游亚区为本区划的二级区，大体上以完整的省级行政区单元为其地域范围，一般情况下不打破省区界线，以便于各省区能充分发挥其综合性管理职能，有针对性地进行区域旅游业发展的统一规划和有效管理。游览区主要处于旅游亚区之下，将相对邻近的旅游点分区划片，是一种便于叙述旅游资源和设计旅游线路的旅游点组合概念。三级旅游区是开发建设旅游点与旅游地，组织、管理、协调旅游活动的相对独立的地域单元，也是旅游区划体系中最基本的地域单位。

1. 华北（中原）旅游大区——京都古迹·名山海景

华北（中原）旅游大区位于我国黄河中下游，居于我国北部中枢地区，范围包括北京、天津两个直辖市和河北、山西、山东、河南、陕西五个省。这里是我国古文化的发祥地，以北京和西安等古都为代表，是我国人文旅游资源种类繁多、数量丰富、分布集中、质量极高的旅游区；历史文化遗迹与名山、海景浑然一体，是我国以人文景观为主并具备多种旅游资源的旅游大区。华北（中原）旅游大区平原广阔、交通发达、城市众多，是首都所在地，区位优势突出，是我国旅游业发展的核心区域。

2. 华东（江南）旅游大区——名城佳园·秀山丽水

华东（江南）旅游大区位于东南沿海中部，范围包括上海一个直辖市和江苏、安徽、浙江、江西四个省。本区地处长江下游，濒临黄海、东海，其中上海、江苏、浙江具有交通便捷、经济发达的特点。本区拥有苏州等地极具代表性的中国古典风景园林（图3-1）、上海与南京等兼具近代与古代风貌的历史文化名城、著名古都及名刹古寺等人文景观，同时还有风景优美的黄山、庐山等山岳景观，以及太湖、鄱阳湖、钱塘江等河湖水域景观，是一个自然山水与人文景观交相辉映、旅游资源密集且类型丰富的旅游区。华东（江南）旅游大区的区位优势明显，是我国旅游业发展的重要区域。

图 3-1　苏州拙政园

（资料来源：苏州园林官网）

3. 华南（岭南）旅游大区——南国风情·山海景观

华南（岭南）旅游大区位于我国南端，北回归线穿过广东的汕头等地，范围包括福建、广东和海南三省及港澳台地区，主要南邻南海。台湾位于我国东海南部，东濒太平洋，是我国第一大岛；香港、澳门分别位于广东省珠江口东西两侧。本区气候暖湿，地形以山地、丘陵为主，海岸线漫长，具有典型的热带和亚热带山海风光。本区动植物资源丰富，有武夷山、鼎湖山等名山，民族风情独特。作为我国改革开放的前沿阵地，本区经济发达，是海外游客的主要入境口岸区，旅游业发展优势突出。

4. 华中旅游大区——山水峡谷·文化胜迹

华中旅游大区位于我国中部的长江中上游地区，以长江三峡为轴线，包括重庆一个直辖市和四川、湖北、湖南三个省，是全国唯一既不靠海又无陆地国境线的旅游区。本区河湖胜景众多，名山峡谷特色鲜明，文化古迹丰富多彩，自然保护区原始独特，大型水利工程举世闻名，是我国旅游资源开发的主要地区，旅游业发展潜力巨大。

5. 西南旅游大区——岩溶山水·民族风情

西南旅游大区位于我国西南部、青藏高原东侧，包括广西壮族自治区和贵州、云南两省。区内岩溶景观发育典型、分布广泛，既有热带和亚热带风光，又有高山、高原与峡谷的独特景致，动植物资源极为丰富。本区少数民族众多，民族风情浓郁，旅游资源丰富且特色鲜明，是我国旅游业发展较重要的区域。随着交通条件的进一步改善，本区凭借沿海沿边的区位优势和独特的旅游资源优势，旅游业必将进一步发展。广西壮族自治区的桂林山水风景如图 3-2 所示。

6. 青藏高原旅游大区——世界屋脊·雪域藏乡

青藏高原位于我国西南部，号称"世界屋脊"。青藏高原旅游大区包括青海省和西藏自治区。区域内，独特的冰雪世界、高寒草原、湖泊热泉，以及高原、高山峡谷与原始

图3-2　桂林山水

（资料来源：桂林传奇微信公众号）

森林等构成了本区奇异诱人的自然旅游资源；具有原始色彩的藏族风情、宗教文化与礼制建筑则构成了本区神秘莫测的人文旅游资源。本区在登高探险、科学考察、民族风情旅游开发方面独具优势，是一个极富魅力的旅游区。

　　7. 西北旅游大区——丝路古迹·边塞风情

　　西北旅游大区位于我国西北部，包括甘肃省和新疆维吾尔自治区、内蒙古自治区、宁夏回族自治区。本区位于欧亚大陆中部，深居内陆，距海遥远，地域辽阔，资源丰富，属内陆型旅游区。区域内，广袤的沙漠戈壁、星罗棋布的绿洲、坦荡的草原、巍峨的雪山、茂密的森林共同构成层次分明的自然景观；以维吾尔族、蒙古族为代表的民族风情异彩纷呈。此外，这里是我国古代"丝绸之路"的要道（图3-3），历史文化底蕴深厚，拥有丰富的丝路古迹和民族历史文化遗迹，石窟艺术更是享誉世界。

图3-3　丝绸之路

（资料来源：百度图片）

8. 东北旅游大区

东北旅游大区位于我国东北部,是我国纬度最高的旅游区域,包括辽宁、吉林和黑龙江三省。该区域北邻俄罗斯,以黑龙江、乌苏里江为界;东接朝鲜,以图们江、鸭绿江为界;南濒渤海与黄海,地理位置独特。这里沃野千里,交通相对便利,气候湿润,物产丰富。

本区森林广阔,夏凉冬寒的气候孕育了多样的自然景观,以及滨海风光、山川湖泊、火山奇景、极光与极昼现象等,构成了以北国风光为特色的自然旅游资源。此外,以清代前期满族文化遗存为代表的历史文物,以及以满族、朝鲜族、鄂伦春族、赫哲族等少数民族为代表的民俗风情,构成了本区别具风采的人文旅游资源。

二、大交通知识

组团计调人员在为研学旅行者选择交通工具时,主要考虑飞机和火车。因此,计调人员必须掌握航空和铁路交通的相关知识。

(一)航空知识

1. 航班、班次

民航运输飞行主要有班期飞行、加班飞行和包机飞行三种形式。其中,班期飞行是按照班期时刻表和规定的航线,固定机型、日期、时刻的飞行;加班飞行是根据临时需要,在班期飞行以外增加的飞行;包机飞行则是按照包机单位的要求,在现有航线上或以外进行的专用飞行。此外,还有不定期航班飞行与季节性航班飞行。

航班分为定期航班和不定期航班。在国际航线上飞行的航班称为国际航班,在国内航线上飞行的航班称为国内航班。航班又分为去程航班和回程航班。为了方便,每个航班均编有航班号。中国国内航班的航班号由执行航班任务的航空公司二位代码和四个阿拉伯数字组成:第一个数字表示航空公司基地所在地区管理局编号;第二个数字表示该航班终点站所属的管理局;第三、第四个数字表示班次,即该航班的具体编号,其中第四位数字若为奇数,则表示该航班为去程航班,若为偶数,则为回程航班。

班次是指在单位时间内(通常用一个星期计算)飞行的航班数(包括去程航班与回程航班),它是根据往返量需求与运能来确定的。

2. 电子客票

电子客票的票款包括票面价格和机建燃油费[①]两部分。其中,票面价格指的是从出发机场至到达机场的航班基础费用。例如,成都双流国际机场到上海浦东国际机场的经济舱全票价为1610元,若存在票价折扣,票面价格按四舍五入的规则进行计算。机建燃油费包含机场建设费和燃油附加费两项费用。

知识拓展
▼

国内航空
公司代码
示例

---

① 注:现在机场建设费改为民航发展基金。

3. 乘机时间要求

计调人员需熟悉各城市机场的具体情况,包括机场与市中心的距离,以便合理安排研学团队的行程,确保他们能够提前抵达机场,从而避免误机情况的发生。乘坐国内航班的旅客应在客票上列明的航班规定时间前90分钟到达指定机场,凭客票及本人有效身份证件办理乘机手续。需要注意的是,航班规定离站前30分钟将停止办理乘机手续。

4. 安全检查

安全检查事关旅客的人身安全。旅客无一例外地必须经过安全检查才允许登机。也就是说,安全检查不存在任何特殊的免检对象。

5. 随身携带物品及行李

随身携带物品是指经航空公司同意由旅客自行携带乘机的零星小件物品。乘坐国内航班时,每位旅客随身携带物品重量以5千克为限,持头等舱客票的旅客每人可随身携带两件物品,持公务舱或经济舱票的旅客每人只能携带一件物品。每件随身携带物品的体积均不得超过20厘米×40厘米×55厘米。超过规定件数、重量或体积限制的物品,应作为托运行李托运。

乘坐国内航班,持成人票或儿童票的旅客,每人免费行李额(包括托运和自理行李)为头等舱40千克、公务舱30千克、经济舱20千克,持婴儿票的旅客无免费行李额。

(二)铁路知识

1. 旅客列车的种类及代码含义

计调人员在工作中,需全面掌握火车相关信息,包括车次、运行时长、到站及发车时间等。实际上,火车的车次包含很多信息。例如,从北京出发前往华东的研学团队,如果终点站是南京,可选择T65次列车。那么,T代表什么呢?是快车还是慢车?是否有空调?其实,通过火车代码就能知道这些信息。火车车次的首字母代码用于标识旅客列车的不同等级或类型,常见的有G、C、D、T、K、Z、L、A、Y等。

2. 车次的编排

车次的编制和列车的上行、下行方向有关。具体来说,进京方向或是从支线到干线的列车称为上行列车;反之,离京方向或是从干线到支线的列车称为下行列车。上行列车车次为偶数(双数),下行的列车车次为奇数(单数)。以T17次列车为例,它从北京开往沈阳北方向,属于下行列车,因此车次编号为奇数;而其返程车T18次则从沈阳北开往北京方向,属于上行列车,车次编号为偶数。

有些列车在运行途中会因为线路上下行方向的改变而改变车次。例如,K388/385次列车、K386/387次列车,是运行在沈阳北到成都西区间内的列车。当列车从沈阳北始发,开往北京方向时,属于上行列车,车次为K388;当列车经停天津后,开始朝离京方向行驶,变为下行列车,车次也相应改为K385。同样地,当列车从成都开往沈阳北时,在到达天津前为上行列车,车次为K386;经停天津后改为下行列车,车次变为K387。在车次变更前后的区间内,车次自成一对。例如,在沈阳北至天津区间内,上行车次为K388,下行车次为K387。此外,列车的卧铺和硬座编组也与上行、下行方向有关。例如,当列车往北京方向开时,卧铺车厢会安排在列车前部,硬座车厢则位于后部;而当列车返回时,车厢编组会相应调整,硬座车厢在前,卧铺车厢在后。又如,南昌—上海的K288次列车,当列车往上海方向行驶时,属于上行列车,卧铺车厢在前,硬座车厢在后。

3. 车票

所有列车都实行旅客实名制购票、验票乘车制度。旅客均须凭本人有效身份证件购票,并持车票及购票时所使用的乘车人本人有效身份证件原件(免费乘车的儿童及持儿童票乘车的儿童除外)进站、乘车。车票票面应载明发站站名、到站站名、座别、卧别、票价、车次、乘车日期等信息。

4. 选择火车车次

计调人员在制定线路时,在火车类型及车次的选择上要多思考。以普通列车(如车次以Z、T、K开头的列车)为例,通行城市之间往往有多趟车次可供选择,这些车次涵盖了不同出发时间,同时也提供了多种座位类型,包括硬座、硬卧、软卧等。计调人员可以根据具体的行程安排来合理选择适合的车次。

教学互动

　　北京某中学计划在4月底组织35名学生赴西安开展"探炎黄故郡　品盛世长安"研学活动,此次活动的第一站目的地为西安博物院。作为一名计调人员,针对北京至西安的行程,你会为团队选择哪种交通方式?请阐述理由。

三、身份证知识

居民身份证是国家法定的证明公民身份的证件。研学旅行企业在给研学团队成员订车票、购买意外险、办理酒店入住手续时,都需要身份证。身份证号能透露诸多信息,如研学团队成员的姓名、性别、民族、出生日期和住址等。关于居民身份证,研学旅行计调人员需掌握以下知识。

1. 居民身份证编号识别

根据中华人民共和国国家标准《公民身份号码》(GB 11643—1999)中有关公民身份号码的规定,公民身份号码是特征组合码,由17位数字本体码和1位数字校验码组成。排列顺序从左至右依次为:6位数字地址码、8位数字出生日期码、3位数字顺序码和1位数字校验码。

（1）地址码。

地址码是身份证号前六位，表示编码对象常住户口所在县（市、旗、区）的行政区划代码。第一位和第二位为省（自治区、直辖市）代码；第三位和第四位为地级市或地区（自治州、盟）代码；第五位和第六位为县（县级市、区）代码。例如，身份证号码330402××××××××××，其中"33"代表浙江省，"04"代表嘉兴市，"02"代表南湖区。

（2）出生日期码。

出生日期码是身份证号第七至第十四位，用于表示编码对象的出生年、月、日，其中年份用4位数字表示，年、月、日之间无须使用分隔符。

（3）顺序码。

顺序码是身份证号的第十五至第十七位，由县、区级政府所辖派出所分配。顺序码的第十七位（即最后一位）用于标识性别，奇数分配给男性，偶数分配给女性。即使在同一天出生的人，也能通过顺序码获得唯一的身份标识。

（4）校验码。

校验码是身份证号最后一位，是根据前面十七位数字码，遵循国际标准 ISO/IEC 7064:2003 中规定的 MOD 11-2 校验算法。校验码的主要作用是验证身份证前十七位数字的准确性，防止因输入错误或数据篡改导致号码无效。检验码的取值范围是0～10，当计算得出的值为10时，用罗马数字符"Ⅹ"表示。我国各类计算机应用系统（如公安户籍系统、银行认证系统等）仅识别18位身份证号码，若校验码错误或缺失导致号码长度非18位，系统将无法通过验证。

🔭 知识拓展

身份证上的"Ⅹ"怎么读？

"Ⅹ"在身份证号码里经常出现。关于它的发音，有人念作"eks"，有人念成"叉"，甚至还有人误读为"西"。那么，身份证上最后一位的"Ⅹ"究竟该如何正确发音呢？这一问题曾引发公众的广泛疑问，微博上相关话题更是一度冲上热搜榜首。

《咬文嚼字》主编黄安靖表示，身份证上的居民身份号码最后一位"Ⅹ"的误认、误读，曾引起社会的广泛议论，"Ⅹ"是罗马数字，代表"10"，读作"shí"最为妥当。

2.居民身份证有效期限与持证人年龄、签发日期的关系

《中华人民共和国居民身份证法》规定，居住在中华人民共和国境内的年满十六周岁的中国公民，应当依照本法的规定申请领取居民身份证；未满十六周岁的中国公民，可以依照本法的规定申请领取居民身份证。未成年人办理完落户后，就可以办理身份证，只要能配合拍照就可以。

需要注意的是,《中华人民共和国居民身份证法》规定,未满十六周岁的公民,由监护人代为申请领取居民身份证。十六周岁以上公民的居民身份证的有效期为十年、二十年、长期。十六周岁至二十五周岁的,发给有效期十年的居民身份证;二十六周岁至四十五周岁的,发给有效期二十年的居民身份证;四十六周岁以上的,发给长期有效的居民身份证。未满十六周岁的公民,自愿申请领取居民身份证的,发给有效期五年的居民身份证。

四、地图知识

对于研学旅行计调人员而言,地图知识是必须具备的。地图不仅是地理学科的基础工具,更是行程规划中确定路线节点、导航定位时精准指引、目的地调研时获取关键信息的重要依据。研学旅行计调人员应熟练掌握全国政区图,明确各个主要城市的地理位置,同时,还要掌握各省政区图、交通分布图、研学旅行基地(营地)分布图等,便于了解各省的交通、研学旅行基地的分布情况。在给研学团队制定研学行程时,使用政区图和交通分布图有助于清晰把握各个研学旅行基地之间的空间方位,使制定的行程更加科学、合理。此外,在行程表中最好附上研学旅行基地分布图、研学旅行基地内部导览图,这样不仅便于研学活动参与者掌握行程中各基地分布情况,还能有效提升研学参与者的地理素养。

(一)地图的类型

1. 政治地图

政治地图通常展示国家、地区、城市等政治单元的边界和名称。

2. 地形地图

地形地图通常利用等高线、颜色深浅等表示地形的起伏和地貌特征。

3. 气候地图

气候地图通常展示不同区域的气候类型和特点。

4. 旅游地图

旅游地图通常特别标注旅游景点、交通线路、住宿设施等旅游相关信息。

5. 电子地图

电子地图是基于数字技术的地图,可实时更新信息,提供导航、定位等服务。

(二)地图的基本要素

1. 比例尺

比例尺表示地图上的距离与实际地面距离的比例关系,是地图缩小的程度。了解比例尺有助于估算实际距离,规划行程时间。

2.方向

地图上的方向通常遵循"上北下南,左西右东"的原则,但需注意特殊标注的地图(如指向标地图等)。掌握地图方向是确定旅行路线的基础。

3.图例

图例是地图上各种符号和颜色的说明,可帮助读者理解地图上的信息。

4.注记

注记是地图上的文字和数字说明,通常用于提供额外的地理信息。

(三)地图的阅读技巧

1.识别主要地理特征

通过地图上的符号、颜色等,识别山脉、河流、湖泊、城市等地理特征。

2.分析地形地貌

利用等高线、颜色深浅等信息,分析地形起伏和地貌特征,为行程规划提供依据。

3.确定位置关系

通过地图上的方向、距离和比例尺,确定各地理特征之间的相对位置关系。

4.利用辅助工具

结合指南针、GPS等辅助工具,提高地图阅读的准确性和效率。

(四)地图在研学旅行中的应用

1.规划行程路线

根据研学旅行目的地的地理位置和交通状况,利用地图规划合理的行程路线,确保研学团队能够按时到达各个研学点。

2.导航定位

在旅途中,利用地图进行导航定位,确保研学团队不迷路,并能顺利找到目的地。

3.了解目的地信息

通过旅游地图或电子地图,提前了解目的地的研学景点、住宿设施、餐饮服务等信息,为研学团队做好充分准备。

4.制定应急预案

根据地图上的地形地貌和交通状况,制定应急预案,以应对可能出现的自然灾害、交通事故等紧急情况。

5.增强地理认知

在研学过程中,引导学生利用地图进行观察和思考,加深他们对地理知识的理解和认识,提高他们的地理素养和空间认知能力。

知识训练

填空题：

1. 华北旅游大区包括_____、_____、_____、_____、_____五省和_____、_____二市。本区自然旅游资源丰富，是我国古文化的主要发祥地，名胜古迹众多。

2. 研学团队成员中有一名学生身份证号码是×××73020060308534Ⅹ，那么这名学生是__性，出生日期是_____年__月__日。

技能训练

从八个旅游大区中选择一个感兴趣的区域，通过查阅资料，了解该区主要的研学旅游资源。

任务二　研学旅行产品设计

任务导入

2022年8月8日，云南某研学旅行社组织了一场研学活动，带领××学校高二年级的32名同学前往北京，开启为期5天的研学之旅。该研学团队选择双飞的方式从昆明出发，行程中主要安排了以下景点和活动：同学们将感受北京的都市氛围，领略老北京的风情，并参观传统的四合院建筑；品尝地道的北京特色美食；观看庄严的升旗仪式；参观故宫博物院，深入了解中国古代皇家文化。此次研学活动注重学术性和研学价值，为同学们提供了丰富的文化体验和学习机会。

思考：假如你是该组团社的计调人员，应该如何做呢？

分析：作为云南某旅行社的计调人员，要顺利完成这项任务，就必须学会如何根据研学团队的要求来设计研学旅行产品。

任务重点

掌握研学旅行产品设计流程。

任务难点

结合研学主题，设计研学旅行产品。

任务实施

一、研学旅行产品开发概述

（一）研学旅行产品开发主体

1. 外省地接社

组团社计调人员如果对外省研学资源、设施不熟悉,就不具有采购优势,也较难享受优惠价格。在这种情况下,外省研学旅行产品的开发主要依赖外省地接社。组团社会直接挑选外省接待社提供的研学旅行产品,并依据研学者的需求,选定从出发地至目的地的大交通方式,待往返交通工具确定后,研学旅行产品就基本上确定了。目前很多组团社都直接采用地接社设计的研学旅行产品。能接待外省研学团队的地接社,除了需要具备一般旅行社的基本条件,还需要满足一些特定的要求,以确保能够高效、专业地接待外省研学团。

1) 基本资质条件

（1）合法注册与许可。

地接社必须在工商行政管理部门登记注册,领取营业执照。同时,需要按照《旅行社条例》的规定,取得旅行社业务经营许可证,确保合法经营。

（2）资金实力。

地接社应具备与经营规模相适应的资金实力,以保证研学团队的接待质量和服务水平。

2) 旅游服务能力

（1）专业团队。

专业团队应拥有专业的导游和领队人员,他们不仅要熟悉当地的文化、历史和研学资源,还应具备良好的沟通能力和服务意识,能够为学生提供专业的讲解和指导。

（2）资源整合能力。

地接社应能够整合当地的研学资源,包括研学旅行基地(营地)、酒店住宿、交通安排、餐饮服务等方面,为研学团队提供全方位、一站式的服务。

（3）安全保障。

制定完善的安全保障措施,确保研学团队在行程中的安全。具体而言,这些保障措施包括交通安全、食品安全、住宿安全等方面。

3) 研学旅行专业能力

（1）研学课程设计。

地接计调人员能够根据研学团的需求和教育目的,设计符合学生年龄特点和认知水平的研学课程。课程内容应丰富多样,注重实践与理论的结合。

（2）研学旅游指导师。

配备专业的研学旅游指导师,不仅要具备丰富的专业知识,还应具备教育心理学和团队管理等方面的能力,能够引导学生积极参与研学活动,促进学生的全面发展。

（3）项目执行能力。

地接计调人员应具有高效的项目执行能力才能够确保研学课程的顺利实施,具体包括行程安排、团队协调、突发情况应对等。

4）服务意识与品质

（1）服务理念。

坚持"热情、细致、规范、周到"的服务理念,为研学团队提供优质的服务体验。

（2）客户反馈。

重视客户反馈,不断优化服务流程,提高服务质量。建立健全投诉处理机制,及时解决研学团队在行程中遇到的问题和困难。

5）其他条件

（1）市场口碑。

在业界和市场上享有良好的口碑和声誉,能够吸引更多的研学团队前来合作。

（2）合作网络。

建立广泛的合作网络,与各地的旅行社、学校、教育机构等建立良好的合作关系,为研学团队的接待工作提供更多的支持和保障。

2.组团社

组团社计调人员如果对外省研学资源和设施比较熟悉,就可以由组团社计调人员负责设计外省研学旅行产品。组团社计调人员在设计外省研学旅行产品时,需要注意以下几个方面,以确保产品的质量和市场竞争力。

1）目标市场定位

明确研学旅行产品的目标用户群体,如学校、家庭、教育机构等,了解他们的需求和偏好。

2）竞争对手分析

研究市场上已有的研学旅行产品,分析竞争对手的优势和不足,以便在研学旅行产品设计上体现差异化。

3）政策与法规

了解并遵守国家及地方与研学旅行相关的政策、法规和标准,确保研学旅行产品的合法性和规范性。

（二）研学旅行产品设计原则

在打造研学旅行产品时,严格遵循以下四大核心原则以确保其卓越品质。

1.教育性原则

教育性原则是研学旅行产品的灵魂所在。产品在设计过程中,应紧密围绕教育目标,对课程内容进行精心设计。研学活动不仅要传授知识,更要注重学生技能的培养

案例聚焦
▼

研学主题:
"江南水乡
文化研学
之旅"

Note

与情感的熏陶,让学习成为一次触动心灵、助力成长的旅程。

2. 实践性原则

实践性原则是研学旅行产品活力的源泉。产品应遵循"做中学"的理念,通过实地考察、亲身体验等多元化学习方式,让学生在实践中发现问题、解决问题,从而增强学习的趣味性和实效性,使知识真正内化于心、外化于行。

3. 安全性原则

安全性原则是研学旅行产品不可动摇的底线。鉴于安全的重要性,从活动规划到执行,每一步都应严格把控,制定详尽的安全预案和应急措施,所有参与人员都应进行全面的安全教育和培训,确保研学活动在安全的环境中顺利进行。

4. 多样性原则

多样性原则是满足市场需求的关键。研学旅行产品应根据目标用户群体的不同需求,精心策划,涵盖丰富的主题、灵活的线路以及多样化的时长选择,其目的在于为每一位参与者提供量身定制的研学体验,使每一次研学都成为一段难忘的旅程。

（三）研学资源整合策略

在研学旅行产品的筹备过程中,应系统性整合优质资源要素,构建兼具内容深度与体验广度的高品质研学产品体系。

1. 研学资源点整合

组团社精心挑选并整合了顶级的旅游资源,从壮丽的自然景观到深厚的人文底蕴,再到珍贵的历史遗迹,每一站都经过精心策划,旨在让学生在亲身体验中开阔视野,增长见识。

2. 教育资源的整合

教育资源的整合是研学旅行产品设计不可忽视的一环。组团社要积极与当地知名的教育机构、博物馆、科技馆等建立紧密的合作关系,充分利用这些机构的专业资源与教育优势,为研学旅行产品注入更多学术内涵与教育价值。

3. 服务资源的整合

研学旅行产品设计还要高度重视服务资源的整合。为了确保研学团队的舒适与安全,组团社应精心筛选并与多家信誉卓著、服务优质的酒店、餐厅及交通服务机构进行合作。从住宿的温馨舒适到餐食的营养美味,再到交通的便捷高效,都力求做到尽善尽美,为研学团队提供一站式、全方位的贴心服务。

（四）风险评估与应对

在研学旅行产品的规划与执行过程中,应实施全面的风险评估策略,深入剖析可能遭遇的市场风险、安全风险及法律风险等,确保对潜在挑战有清晰的认识与预见。针对这些风险,组团社应构建一套详尽且灵活的风险应对预案,涵盖预防措施、应急响应流程及后续处理机制等,并通过提前布局与周密准备,确保在风险事件发生时,能够迅速启动预案,采取有效措施,最大限度地降低负面影响,保障研学活动的顺利进行及参与者的安全。

(五)营销推广策略

在研学旅行产品的市场推广中,应采取多维度、全方位的营销策略以推动品牌发展与市场份额扩大。

首先,品牌建设是核心,要通过高质量的内容营销、创意广告及参与行业盛事等方式,强化品牌故事的讲述,提升品牌在行业内的知名度和美誉度,树立专业、可靠的品牌形象。

其次,渠道拓展是关键,要灵活运用线上线下相结合的方式,构建多元化的营销网络。线上应充分利用社交媒体平台、旅游预订网站、在线教育社区等渠道,精准触达目标客户群体;线下则通过举办教育展览、参与学校合作项目、开展地推活动等形式,直接与学生、家长及教育机构面对面交流,深化品牌影响力。

最后,客户维护是持续发展的保障。要建立完善的客户档案系统,定期收集并分析客户反馈意见,及时调整产品策略和服务模式,确保客户需求得到精准满足。同时,通过会员制度、积分奖励、定制化服务等手段,增强客户黏性,促进口碑传播,为研学旅行产品的长期发展奠定坚实基础。

二、研学旅行产品开发的类型

(一)组团社直接采用地接社提供的研学旅行产品

研学旅行地接社因对本地的研学资源、研学设施更为熟悉,因而设计的研学旅行产品具有较强的操作性和实用性。例如,"北京5日研学"是北京地接社设计的一条常规研学线路,很多组团社直接采用这条线路。也就是说,组团社设计的研学线路由出发地到目的地的往返交通及北京接待社设计的线路组成。

例如,郑州组团,前往北京进行5日研学旅行的团队行程安排具体如表3-1所示。

表3-1 团队行程安排

日期	时间	活动安排	备注
第一天	上午	从郑州乘坐高铁或夜间卧铺列车抵达北京	
	下午	抵达后入住酒店休息,自由活动(可选王府井步行街、三里屯等)	
第二天	上午	前往天安门广场,观看升旗仪式	
	中午	享用午餐,稍作休息	
	下午	深入故宫进行研学活动,了解皇家宫殿历史、建筑与文化	
第三天	上午	前往八达岭长城,登长城,了解长城历史与军事意义	

续表

日期	时间	活动安排	备注
第三天	中午	在长城附近享用午餐	
	下午	前往北京奥林匹克公园,参观鸟巢、水立方等奥运场馆	
第四天	上午	游览颐和园,欣赏皇家园林美景,了解中国古典园林艺术	
	中午	在颐和园附近享用午餐	
	下午	前往北京大学或清华大学(根据具体情况选择),参观校园	
第五天	上午	前往中国科学技术馆,进行科技研学活动	
	中午	享用午餐,准备返程	
	下午/晚上	乘坐高铁或夜间卧铺列车返回郑州	

温馨提示:

门票预约:故宫、颐和园等热门景点门票建议提前在网上预约,以免耽误行程。

准备:北京夏季天气较热,请注意防晒和补水;秋季早晚温差较大,需备好衣物。

安全注意:在研学过程中请遵守景区规定,注意人身安全;同时,保管好个人财物,避免丢失。

环保出行:在研学过程中请注意保护环境,不乱扔垃圾,做到文明出行。

(二)组团社适当修改地接社提供的研学线路

组团社对地接社提供的研学线路基本认可,之后可根据研学活动的要求做一些小的改动,如增加一些研学点、提高餐食标准或住宿标准等。例如,成都 A 旅行社组织学生到山西研学,山西 B 旅行社提供了山西常规的 4 日研学旅行产品,由于来自成都的研学团队在山西研学期间有一天要进行调研,于是成都 A 旅行社就在山西 B 旅行社提供了山西常规的 4 日研学的基础上增加了一天的调研活动,并且将餐食标准每人每餐 15 元改为了每人每餐 30 元。

(三)组团社重新设计研学旅行产品

如果组团社对地接社提供的研学旅行产品不满意,则可以重新设计研学线路。地接社一般提供的是一些常规的、大众化的研学旅行产品。当组团社不满足于常规的线路时,就需要根据研学需求重新设计一些专题研学线路。组团社应认真研究研学需求,与地接社一起共同开发研学线路。例如,上海 A 旅行社组织学生到四川研学,四川 B 旅行社为学生提供了九寨黄龙双飞 3 日的常规研学行程。由于研学的学生是摄影专业,他们在九寨黄龙要进行摄影主题的研学,上海 A 旅行社根据研学需求重新设计了研学线路。

案例聚焦

九寨黄龙
双飞 3 日
研学行程
(含摄影
主题)

知识训练

1.研学旅行产品设计的原则是什么?

2.国内组团社设计研学旅行产品应考虑哪几方面?

技能训练

分析以下案例,并回答相关问题。

背景:××旅行社的计调人员小李,对黄土高原地区的生态环境和民俗文化有着深入研究。他观察到,随着人们环保意识的提升,越来越多的家庭和教育机构希望孩子能在研学旅行中了解自然与人文的和谐共生之道。

目标市场定位:小李将目标市场定位为对生态环境保护和民俗文化感兴趣的中小学生、家长及环保教育机构。

竞争对手分析:通过市场调研,他发现市场上虽有关于黄土高原的旅游产品,但大多侧重自然景观的游览,而缺乏对当地民俗文化和生态保护意识的深度教育。因此,他决定在研学旅行产品中融入更多生态教育和民俗体验元素。

问题:

1.假如你是计调人员,如何设计"黄土高原生态与民俗研学探索"研学旅行产品?

2.计调人员小李研发的"黄土高原生态与民俗研学探索"研学旅行产品有哪些特色?

任务三　研学旅行组团计调采购业务

任务导入

广州××中学组织研学团队一行20人,参加某研学旅行企业组织的"探索湖湘文化"研学旅行活动,合同约定返程交通为凤凰古城至广州南的高铁,受暑期返程高峰影响,研学旅行企业未能按约定出票。为保障研学团队安全顺利返程,研学旅行企业实际出票为怀化南至衡阳东(高铁无座票)＋衡阳东至广州南(高铁无座票),未能按合同约定的线路返程,并提供票务服务。

研学团队一行人以4小时高铁站票方式返回广州,且返回时间为22时,翌日凌晨2时才抵达广州高铁站,团队对此非常不满,向广州市增城区文化广电旅游体育局投诉。

(资料来源:根据广州市文化广电旅游局发布的旅游纠纷典型案例改编)

思考:此案例中,引起顾客投诉的原因是什么?计调人员应如何避免此类事件发生?

分析:本案例中,事件发生时适逢暑期高峰,研学旅行企业因自身原因,未按照合同约定及时预订返程高铁票,导致返程时间、返程票务线路发生变更,严重影响研学团队体验,最终引发投诉。

研学旅行企业应加强日常管理工作,包括但不限于业务管理、接待管理、质量管理

Note

及危机管理等,特别注意规范签订旅游合同、客户跟踪服务等方面的工作,制定有关工作制度,规范工作流程。研学旅行计调人员在规划研学线路时,应加强各项风险研判,提前制定有关工作措施,落实各项服务项目,避免客户投诉事件发生。

任务重点

掌握异地研学接待服务采购、大交通采购的方法。

任务难点

做好异地研学接待服务采购、大交通采购。

任务实施

一、异地研学接待服务采购

研学旅行机构向研学团队销售的研学线路,通常包括一个或多个研学旅行目的地。采购异地接待服务的目的,是使旅行计划如期实现。应该说,研学旅行产品的质量在很大程度上取决于接待质量,因此,选择高质量的研学接待服务机构,是采购到优质接待服务的关键。

(一)异地研学接待机构的选择

在选择异地研学接待机构时,为了确保研学活动顺利进行并高质量完成,通常需要从多维度进行细致的考量与评估。

1.接待能力

异地研学接待机构必须具备较强的接待能力,能够采购到组团社委托其采购的各项研学旅行服务,并提供优质的服务。

(1)专业团队。

研学旅行计调人员首先要考察的是接待机构是否拥有专业团队,如是否拥有经验丰富、专业素质高的研学旅游指导师等,团队人员须具备扎实的专业知识、良好的沟通能力和应急处理能力,能够根据学生年龄层次和研学主题设计并实施富有教育意义的活动。

(2)资源整合。

接待机构应能高效整合研学所需的各类资源,包括但不限于交通、住宿、餐饮、教学场地及设施等,确保所有服务环节无缝对接,满足研学团队多样化的需求。

(3)安全保障。

安全是研学活动的基石。接待机构需建立完善的安全管理体系,包括应急预案、安全培训、医疗急救措施等,确保学生在研学过程中的安全。

2. 社会评价

研学旅行计调人员可以通过向同行业企业、当地行政管理部门咨询及搜索网络信息等了解异地研学接待机构的社会评价，并进行综合考虑。

（1）行业口碑。

通过向同行业企业咨询，了解该接待机构在行业内的声誉、发展历史及客户反馈，评估其服务质量和信誉度。

（2）行政监管。

查看当地行政管理部门对该机构的监管记录，包括是否获得合法经营资质、有无违规记录等，确保选择合法合规的接待机构。

思考：研学旅行计调人员在选择异地研学接待机构时，为了确保研学活动的合法性、安全性及教育质量，应要求对方提供哪些经营资质证明？

（3）网络评价。

利用社交媒体、旅游平台等网络资源，收集并分析研学旅行参与者及学生家长对于过往合作机构的评价信息，全面了解接待机构的服务水平和客户满意度。

3. 报价

在综合考虑前两条的基础上，研学旅行计调人员可以选择研学目的地的几家接待机构进行报价，然后进行详细比较，最终选择报价较合理的接待机构进行合作。

在报价阶段，可要求接待机构提供详细、透明的报价单，明确列出各项服务内容及费用，避免隐性消费和额外加价；在收到多家接待机构的报价后，不仅要比较价格高低，更要结合服务质量、内容丰富度、安全保障等因素进行综合评估，选择性价比较高的合作伙伴。最后，基于初步筛选结果，与意向接待机构进行深入沟通，就价格、服务细节等进行谈判与协商，力求达成双方满意的合作协议。

（二）异地研学接待机构的采购

1. 确定采购对象

计调人员根据经营计划，调查、收集异地研学接待机构相关信息资料，经过初步筛选后，对基本符合要求的异地研学接待机构进行考察，重点考察课程开发情况、接待质量、信誉等。考察后，进行综合比较和评价，与符合合作要求的接待机构联系，初步协商合作事宜。

2. 签订合作协议

计调人员根据协商的结果，拟定合作协议书，通过与异地研学接待机构负责人谈判，协商具体的合作事宜，并签订双方认可的合作协议书。

3. 整理相关资料

计调人员将签署的合作协议书进行编号、存档，并报送相关部门备案，将相关资料及规定列表分发给相关部门。

案例聚焦

关于查处东莞市某教育咨询有限公司擅自组织研学游的典型案例

4. 落实研学旅行工作

计调人员根据研学团队的出行需求,制订异地接待服务机构采购计划,并落实具体的旅行工作,将发团的人数、时间等具体要求,发给异地研学接待机构索要报价。根据异地研学接待机构的回复情况,按照接待计划中的发团日期顺序排列存档,并将异地研学接待机构联系人姓名、联系方式转告给接待部门。

5. 报账结算

计调人员根据异地研学接待机构财务规定和合作协议书的相关规定,及时将研学团队费用明细报财务部门,财务部门根据合作协议书审核无误后与异地接待服务机构办理结算事宜。

案例聚焦

北京十一学校一分校双卧七日学生研学团队接待合同

二、大交通服务采购

研学旅行是一种异地活动,交通在研学旅行中承担着实现人员空间位移的重要功能。交通不仅要解决研学团队往返不同研学旅行基地的空间距离问题,还需要兼顾时间成本,尽可能缩短旅途耗时。因此,安全、舒适、便捷、经济是研学旅行机构进行交通服务采购时需要考虑的因素。研学团队开展国内集体研学活动时,涉及的交通工具主要有飞机、火车、汽车和轮船。研学旅行机构必须与航空公司、铁路部门、轮船公司等建立密切的合作关系。

(一)航空交通服务的采购流程

研学旅行机构采购航空服务,核心环节在于航班座位的预订管理。计调部门根据研学团队接待预报计划,在规定的期限内向航空公司提出订位,如有变更,应及时通知有关方面。航空服务主要分为定期航班服务和包机服务两种。如果客流量超过正常航班的运力,研学团队无法按计划出行时,研学旅行机构就要考虑包机运输。在选择航空公司时主要考虑6个因素,即机票折扣(是否具有竞争力的表现)、机位数量(是否能满足需要)、工作配合度、付款方式、航班密度、各地服务网络的通达性。

1. 确定采购对象

计调人员通过各种渠道和方法收集航空公司、机票销售单位的信息资料及负责人的联系方式,然后根据研学旅行机构的线路需求,了解航空公司的相关规定及航空公司的经济实力,具体包括航空公司的机票折扣、机位数量、服务态度、航班密度、改/退票手续及费用,以及销售单位信誉度、网络便利性、付款方式、工作配合度、竞争优势、机票返利额度等信息。最后确定多家航空公司或机票销售单位作为本研学旅行机构的采购对象。

2. 签订合作协议

研学旅行机构计调人员与航空公司或机票销售单位经过多次协商之后,确定相关事项,双方签订正式的合作协议书,明确双方的合作关系及相互约定,并进行备案。

3. 整理相关资料

计调部门要收集并整理航空公司的航班、票价信息及相关规定,以及机票销售单位信息,然后分发至社内相关部门备案。根据航空公司的相关要求,设计并填写订票所需的表单,如飞机预订单、订票身份证信息确认单、机票变更/取消单等。

4. 实施订购票业务

计调人员根据接待计划和合作协议书的相关要求选择机票销售单位,并提出订票、购票需求。航空公司在约定时间内出票,计调人员在约定时间内取票。

5. 报账结算

计调人员根据机构的规定及合作协议书的要求,将订票、购票的明细账及返利情况上报财务部门,财务部门审核无误后,根据约定付款时间及方式为航空公司办理结算事宜。

(二)铁路交通服务的采购流程

火车具有价格较为低廉、能让乘客饱览沿途风光的特点,在交通产品中具有竞争力。近年来,我国铁路部门加大力度改善交通环境,火车运输依旧优势显著。目前,国内多数旅游者仍将火车作为首选出游交通工具。研学旅行机构向铁路部门采购,主要是做好票务工作。采购铁路服务就是按照研学团队接待计划订购火车票,确保团队顺利成行。出票率、保障率是衡量铁路服务采购成效的重要指标。

1. 确定采购对象

计调人员要了解铁路部门的相关规定及列车时刻表,主要包括列车密度、提前订票的时间、订票应交的材料、退票手续等内容。同时,通过各种渠道和方法收集车票销售单位、火车票销售网点的信息资料及负责人的联系方式。

2. 签订合作协议

计调人员要与车票销售单位、火车票销售网点的相关人员进行协商,达成一致后签订正式的合作协议书,明确双方的合作关系并备案。

3. 整理相关资料

计调部门需要收集并整理铁路部门的相关规定、列车时刻表、票价等信息资料,分发给社内相关部门备案。根据铁路部门的相关要求,设计并填写订票所需的表单,如火车票预订单等。

4. 实施订票业务

计调人员根据接待计划中的人数、车次、火车类别,以及特殊游客乘车席别、铺位的需求,结合合作协议书的相关要求,在规定时间内向铁路部门提出订票需求,铁路部门在约定时间内出票,计调人员在约定时间内取票。

5.报账结算

计调人员根据机构的规定及合作协议书的要求,将订票、购票的明细账及手续费上报财务部门,财务部门审核无误后与铁路部门办理结算事宜。

(三)水运交通服务的采购流程

鉴于我国的地形地貌特征,除去三峡、桂林等内河航线及少数海路航线,轮船并非外出旅游的主要交通工具。研学旅行机构向轮船公司采购水路交通服务时,关键在于做好票务工作。如遇运力不足或不可抗力因素导致计划无法实现,进而造成团队航次、船期、舱位等级变更,应迅速、果断地采取应急措施。

1.确定采购对象

计调人员通过各种渠道和方法收集轮船公司、船票销售单位的信息资料及负责人的联系方式,了解相关的规定,主要包括船次密度、提前订票的时间、预订及变更/退票手续费等。

2.签订合作协议

计调部门与轮船公司或船票销售单位签订正式的合作协议书,明确双方的合作关系并备案。

3.整理相关资料

计调人员需要将收集整理的票务信息及规定分发给社内相关部门并备案。同时,根据轮船公司的相关要求,设计并打印订票所需的表单,如订票确认单、船票变更/取消单等,及时整理归档。

4.实施订票业务

计调人员根据接待计划和合作协议书的相关要求,向轮船公司提出订票、购票需求,轮船公司在约定时间内出票,计调人员在约定时间内取票。

5.报账结算

计调人员根据机构规定及合作协议书的要求,将订票明细账上报财务部门,财务部门审核无误后与轮船公司办理结算事宜。

三、其他服务采购

研学旅行组团计调采购业务除了上述的各种必须采购的旅游服务,还需要采购其他服务,具体如下。

(一)交通接驳服务

在研学团队出发/返程时,需要根据实际情况预订学校与机场或者火车站等地之间的往返旅游巴士,以及租车等服务,确保交通工具的安全性、舒适性和准时性。

（二）保险服务

为学生购买旅行保险,包括旅行社责任险和旅游意外险等。保险范围应覆盖研学旅行的全过程,以应对可能发生的意外事件。保险服务根据实际情况,可以由组团社或者地接社购买。

（三）研学用品

根据研学旅行的主题和需要,采购相应的研学用品,如实验器材、学习资料、教学用具等,还可以配备一些辅助用品,如笔记本、笔、地图、指南针等。

（四）生活用品

结合学生的实际需求,采购行李牌(以便行李区分)、营服(统一着装)、帽子、水壶、雨伞等生活用品。这些用品不仅有助于提升学生的参与感和归属感,还能在一定程度上保障学生的安全和健康。

（五）应急物资

需准备必要的应急物资,如急救包、常用药品、消毒用品等,确保在紧急情况下能够迅速响应并妥善处理。

（六）其他服务

根据研学旅行的具体情况,可能还需要采购摄影摄像、专业讲解等其他服务,这些服务有助于提升研学旅行的质量和学生的体验。

知识训练

1. 异地研学接待服务采购有哪些注意事项?
2. 采购大交通服务时需要考虑哪些因素?

技能训练

湖南省长沙市某中学计划组织学生前往青海省,开展暑假研学项目。研学路线包含茶卡盐湖、青海湖、祁连山国家公园、黑河大峡谷等。研学团队大交通方式首选航空运输。作为计调人员,为做好该团队的机票采购工作,现需对长沙市至西宁市的相关航班进行查询,请将查询结果填至下表中。

长沙至西宁航班信息

序号	航班号	出发时间	到达时间	飞行时间	机票价格	机建燃油费

Note

任务四　组团研学旅行产品报价

任务导入

　　小张大学毕业后,进入某研学旅行企业的计调部门实习。在跟随资深员工学习了一段时间后,他对计调部门的基本业务已有了一定了解。其中,研学旅行产品报价是一项极为重要的业务。这项工作涉及的内容丰富且复杂,对从事产品报价的人员要求颇高,需要认真细致地对待。而且,产品报价是计调工作的基础性环节,倘若对业务不够熟悉,其他业务工作便很难顺利开展。

　　这天,小张接到了××中学王老师的电话。王老师表示,学校计划组织200名学生进行4天3晚的跨省研学旅行,希望小张能够提供报价。小张依据王老师提出的要求,为他们规划了江西瑞金××研学旅行营地的双动4日研学旅行课程。

　　思考:对于这一研学旅行课程,小张应该如何报价呢?

　　分析:(1)计调人员应熟知研学旅行产品包含的内容及相应的成本,充分了解研学旅行产品报价流程。

　　(2)计调人员应根据研学团队的具体安排,迅速准确地进行报价。

任务重点

　　熟悉组团研学旅行产品的价格构成。

　　掌握组团研学旅行产品的定价方法。

任务难点

　　掌握研学旅行产品的成本计算方法。

　　熟练运用报价流程及报价方法,对组团研学旅行产品进行报价。

任务实施

一、研学旅行产品价格

(一)组团研学旅行产品价格

　　组团研学旅行产品价格是组团方向消费者给出的报价。与地接研学旅行产品价格相比,组团研学旅行产品价格稍显简单,一般情况下,它是在地接报价的基础上,加上所产生的后续城市间交通、接送费用、全陪费用等成本,以及目标利润,从而得出的最终价格。

（二）组团研学旅行产品价格构成

1. 大交通费

大交通费是指城市间往返交通工具所产生的费用，从目前来看，城市间的大交通方式以飞机、火车（高铁、动车）、轮船和汽车为主。

2. 目的地接待企业报价

目的地接待企业费用包括目的地交通费、住宿费、餐费、景点门票费用、研学旅游指导师费用等，一般会以总价的方式报给组团社。虽然有个别组团社会自己与目的地各单位联系，采购各服务项目，但是大部分组团社还是会通过地接企业间接采购当地的各个项目。

3. 全陪费用

全陪费用是组团社派出一名全程陪同服务人员（简称全陪），在同行过程中产生的各项费用。一般情况下，全陪所产生的费用会分摊给每个学生。正常情况下，研学旅行活动独立成团，对于独立成团的团队，一般要安排全陪，以保障研学旅行全程活动的顺利开展。

4. 异地交通费用

乘坐大交通工具到达目的地后，需要重新安排交通工具，即研学旅行大巴，负责机场（车站、码头等）及各基地（营地）之间的接送，这就会产生相应的费用。

5. 保险费

如果接待企业的报价中未包含保险费用，组团社需购买外出意外保险，旨在为学生提供安全和利益保障。由于研学旅行课程在校外开展的特殊性，活动存在一定的风险，因此购买合适的保险非常重要。

6. 利润

获取利润是企业经营的目的。组团社应根据研学旅行市场的实际情况测算适当的利润。

教学互动

××研学旅行企业在接到团队的时候发现，原本50人的团队由于特殊原因只到了48人，那么，原本每人200元、总计10000元的费用，是否可以直接减去2人的费用，收取9600元？

（三）组团研学旅行产品的计价方式

组团研学旅行产品的计价主要涉及多个方面，包括住宿费用、餐饮费用、交通费用、门票费用、综合服务费用、导游服务费用和保险费用等。

组团社对外报价是计调人员在内部计价基础上加上一定利润后,向客户报出的接待价格。组团社可以对比接待地区多家地接企业的报价,选择报价和服务最优的产品。组团社对外报价有两种方法:一种是成本加总计价法;另一种是成本分项计价法。

1. 成本加总计价法

成本加总计价法就是组团社把地接企业的报价、大交通费用、目的地交通费用、全陪费用、意外保险费用和本企业操作成本及各种服务费用相加,其总和就是组团社的接待成本。然后,在组团社的接待成本的基础上加上本企业的利税,形成对外的报价。利税是利润和税收的合称,它反映了企业的经济效益和对国家税收方面的贡献。

例:A地接企业给B组团社的报价为200元/人(不含往返交通费用),A地到B地的大交通费用为50元/人,全陪费用10元/人,预计利税10%,请根据以上情况计算B组团社的报价为多少。

B组团社的报价=(200+50×2+10)×(1+10%)=341(元/人)

2. 成本分项计价法

成本分项计价法是指组团社计调人员在地接企业分项报价的基础上,将接待企业的分项价格计算出来,最后汇总得出对外报价。采用成本分项计价法来计算总报价,既能确保报价的透明度和合理性,同时也保证了旅行社的利润空间。

例:A地接企业给B组团社进行分项报价,具体如下:地接交通费用100元/人,住宿费用180元/人,餐饮费用180元/人,门票费用100元/人,研学旅游指导师费用50元/人,材料及其他费用50元/人,B组团社的研学全陪服务费用是30元/人,往返动车票费用250元/人。请根据以上情况分解B组团社的报价。

具体分项如下:

(1)地接交通费用为120元/人(其中20元是在地接企业100元的基础上加了20元的利润);

(2)住宿费用为200元/人(其中20元是在地接企业180元的基础上加了20元的利润);

(3)餐饮费用为180元/人;

(4)门票费用为130元/人(其中30元是在地接企业100元的基础上加了30元的利润);

(5)研学旅游指导师费用为50元/人;

(6)材料及其他费用为60元/人(其中10元是在地接企业50元的基础上加了10元的利润);

(7)研学全陪服务费用为30元/人(组团社的成本支出之一,全陪服务费用30元);

(8)往返动车票费用为250元/人。

B组团社的总报价=120+200+180+130+50+60+30+250=1020(元/人)

B组团社的总成本=100+180+180+100+50+50+30+250=940(元/人)

B组团社的利润＝B组团社的总报价－B组团社的总成本＝1020－940＝80(元/人)

3.影响因素

(1)地接企业产品报价。

客源地的组团社通过各种方式组织研学者,并委托给地接企业为他们提供有关研学旅行目的地的课程、交通出行、餐饮、住宿、活动及其他服务。组团社为中间商,产品价格取决于地接企业的报价。

(2)研学旅行产品消费者对价格的敏感度。

由于研学旅行企业提供的产品是服务,消费群体对价格的敏感程度对研学旅行产品有一定的影响。组团社在调整价格时,必须充分考虑消费者对价格的敏感度,避免出现决策失误。

(3)研学旅行市场淡旺季的影响。

研学旅行活动的开展与旅游活动的各个环节有着密切的联系,其中涉及的机票、门票、酒店、营地等服务项目,均会因多种因素呈现出淡旺季的差异。同时,学校寒暑假安排、学校教学活动规划、家长工作状况及目的地季节特点等,也会给研学旅行市场带来影响。旺季时,各类资源供不应求,难以满足学生的需求,进而影响学生的体验;淡季时,接待人数大幅下降,不仅影响经济收入,还给研学旅行企业经营带来巨大压力。

为应对淡旺季带来的经营难题,许多研学旅行企业积极探索创新举措,以降低淡季对业务的影响。企业通过优化课程内容、整合多方资源、策划特色活动及拓展营销渠道等方式,持续吸引学生群体关注,激活淡季市场活力,进一步增强研学旅行项目的吸引力。

(4)政府、市场监管。

作为学校教育和校外教育衔接的创新形式,研学旅行是"行走的课堂",能让学生在校外实践中增长见识、收获新知。各级政府和教育部门对研学旅行给予了一定的政策支持和资金扶持,为研学旅行市场的发展提供了良好的政策环境。然而,政策的调整也会影响研学旅行市场的发展,一旦政府对研学旅行的扶持政策出现调整或取消,可能对研学旅行市场的发展带来影响。

当然,在制定研学旅行产品价格时,需要规范价格行为,确保其符合价值规律。《中华人民共和国价格法》规定:价格的制定应当符合价值规律,大多数商品和服务价格实行市场调节价,极少数商品和服务价格实行政府指导价或者政府定价。

案例聚焦
▼
"小椰子"
们赴黔
研学

🔍 政策速递

《中华人民共和国价格法》

第三条　国家实行并逐步完善宏观经济调控下主要由市场形成价格的机制。价格的制定应当符合价值规律,大多数商品和服务价格实行市场调节价,极少数商品和服务价格实行政府指导价或者政府定价。

市场调节价,是指由经营者自主制定,通过市场竞争形成的价格。

本法所称经营者是指从事生产、经营商品或者提供有偿服务的法人、其他组织和个人。

政府指导价,是指依照本法规定,由政府价格主管部门或者其他有关部门,按照定价权限和范围规定基准价及其浮动幅度,指导经营者制定的价格。

政府定价,是指依照本法规定,由政府价格主管部门或者其他有关部门,按照定价权限和范围制定的价格。

第四条　国家支持和促进公平、公开、合法的市场竞争,维护正常的价格秩序,对价格活动实行管理、监督和必要的调控。

第五条　国务院价格主管部门统一负责全国的价格工作。国务院其他有关部门在各自的职责范围内,负责有关的价格工作。

县级以上地方各级人民政府价格主管部门负责本行政区域内的价格工作。县级以上地方各级人民政府其他有关部门在各自的职责范围内,负责有关的价格工作。

（资料来源：中国政府网）

（5）突发公共卫生事件。

突发公共卫生事件,是指突然发生,造成或者可能造成社会公众健康严重损害的重大传染病疫情、群体性不明原因疾病、重大食物和职业中毒以及其他严重影响公众健康的事件。这类事件的发生对研学旅行活动的开展产生极大的负面影响。例如,2020年,疫情暴发后,对全球经济产生了巨大影响,受交通管制、景区关闭、开学推迟等各种因素的影响,研学旅行产业遭受重创。同时,由于经济不景气,家长对子女教育方面的投入减少,进而影响了研学旅行市场的需求。

政策速递

《突发公共卫生事件应急条例》

第十九条　国家建立突发事件应急报告制度。

国务院卫生行政主管部门制定突发事件应急报告规范,建立重大、紧急疫情信息报告系统。

有下列情形之一的,省、自治区、直辖市人民政府应当在接到报告1小时内,向国务院卫生行政主管部门报告:

（1）发生或者可能发生传染病暴发、流行的;

（2）发生或者发现不明原因的群体性疾病的;

（3）发生传染病菌种、毒种丢失的;

（4）发生或者可能发生重大食物和职业中毒事件的。

国务院卫生行政主管部门对可能造成重大社会影响的突发事件,应当立即向国务院报告。

（资料来源：中国政府网）

二、组团研学旅行产品报价流程与报价技巧

（一）组团研学旅行产品报价流程

组团研学旅行产品报价流程如图3-4所示。

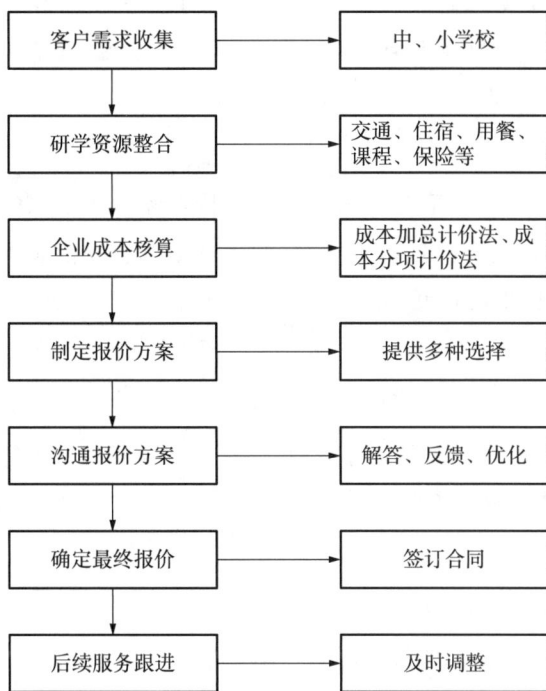

图3-4　组团研学旅行产品报价流程

1. 客户需求收集

组团社接收来自线下渠道和各网络平台的消费者咨询,此类消费者一般是校方或家长。在报价前,组团社要与客户进行充分沟通,了解必要信息,如研学时间、出行方式、目的地、总人数、预算、年龄层次、性别组成、课程主题、活动内容、研学目的、研学偏好和需求等。

2. 研学资源整合

根据客户需求,组团社开始整合相关的旅游资源。主要有两条渠道:一是与地接企业进行联系,直接利用地接企业提供的资源;二是与目的地各接待单位联系,组团社计调人员通过电话、网络等方式向大交通部门、旅游汽车公司、基地(营地)、餐厅、酒店等单位询价,等待这些部门的回传确认。

3. 企业成本核算

根据成本加总计价法或成本分项计价法算出地接成本,估算本企业接待此团即将产生的费用,核算总成本。各项资源费用包括住宿费用、交通费用、餐饮费用、保险费用、景点门票费用、材料费用等。企业的运营成本要考虑员工工资、办公费用、税金等因素。利润可根据不同时间、不同课程内容结束后的实际情况来确定具体数额。

4. 制定报价方案

针对客户提出的需求,为客户提供优质的产品和专业的服务,并给出相应的报价。报价方案包含产品、服务及价格等方面的介绍。如有特别要求,可对产品进行分项报价,将成本核算的各个项目清晰地呈现给客户。为提高成交率,可根据不同资源配置,提供不同价格和服务标准的多种方案供客户选择。

5. 沟通报价方案

组团社计调人员要深入了解所销售产品的特点和优势,明确产品的核心价值,向客户详细介绍方案的课程内容、价格构成、服务细节等。提前预判并准备可能遇到的问题,耐心记录客户提出的疑问,有针对性地进行解答。若客户提出进一步想法、特殊要求或对某些安排存在异议,需认真记录并及时对方案进行调整优化。

6. 确定最终报价

在与客户充分沟通并多次优化方案后,待校方或家长对报价方案认可并确定最终选择,双方需签订合同,明确各自权利与义务,为研学旅行活动的顺利开展提供保障。

7. 后续服务跟进

需与客户保持密切联系,实时掌握其需求变动情况;同时,持续关注交通、住宿、场地等资源的更新动态,确保能够第一时间作出响应。

(二)组团研学旅行产品报价技巧

从地接企业各项业务产品采购,到地接产品报价,再到组团社产品价格测算,这是一个烦琐的过程,所有的工作都围绕着最终促成产品交易成功这一目标,同时,成交利润要可观。如果产品交易不成功,那么一切都徒劳无功,既耗费时间又浪费精力。所以,研学旅行产品能否给企业带来利润,报价技巧起着关键作用。

1. 训练有素,提高素养

良好的开始是成功的一半。计调人员与客户的首次联系一般是通过电话沟通实现的。计调人员一定要抓住第一次联系的机会,给对方留下能够提供优质服务的深刻印象,从而建立信任感。个人素养的提升并非一蹴而就,而是需要长时间的积累与沉淀。因此,在日常的工作与生活当中,计调人员应当时刻注重自身礼貌礼节的修养,并积极参与专业的沟通交往技能训练。

知识拓展

电话沟通礼仪

一、接听电话礼仪

（1）听到电话响后，一般应在3声内迅速接听，如果未及时接听，要跟对方表达歉意。

（2）接听电话时要注意身姿、态度和表情，面带微笑，虽然对方看不到你的动作和表情，但是能从你的话语中感受出来。

（3）接听电话的时候要尊重对方、认真倾听，不要同时干别的事情，忌在通话过程中吃东西、与他人交谈，或表现出不耐烦的情绪。

（4）电话旁应备好纸和笔，以便在需要记录或传达信息时，能够快速准确地记录，避免信息传递出现误差。特别是客户提供的资料信息，务必准确记录，这是快速报价的基础。

（5）通话结束时，应礼貌地结束对话，一般由对方先挂断电话。

二、拨打电话的礼仪

（1）时间适宜。拨打电话的时候要选择合理的时间段，工作相关的电话一般选择在上班时间拨打，为了保证通话效率，尽量避开刚上班、临近下班和午休时段。若不是急事，请勿在休息、用餐时间拨打电话，尽量不要在节假日给对方打电话。

（2）把握时间。有效控制通话时间，尽量在较短的时间内完成更多的信息交流，一般来说，通话时间不宜超过3分钟，也就是所谓的"3分钟原则"。因此，要提前列好提纲，做好通话准备，简单寒暄，少说空话、废话。

（3）使用礼貌用语。通话过程中态度要诚恳，多使用礼貌用语。如果是首次打电话，要先进行自我介绍。

2. 准备充分，知己知彼

计调人员需要对所销售产品有深入的了解，具体内容包括课程内容、分项价格、产品特点等，同时，密切关注本地区竞争对手对于类似产品的报价，通过细致对比，找出产品之间的异同点，强调本企业产品的优势。此外，计调人员要能熟练运用SWOT分析法（图3-5），对本企业的产品进行科学的分析，深入剖析本产品的优势、劣势、机会和威胁，以便避开风险和威胁，抓住机会。

3. 格式规范，注重细节

报价的细节往往决定了交易的成败，也直接影响组团社的利润。与学校或家长沟通时，计调人员要全面掌握客户姓名、职务、电话、单位等信息，以及他们的具体需求、服务标准、出行人数、出行日期、特色要求等内容，并做好详细记录。为体现专业性，必须统一使用企业制作的标准报价模板，文字表达必须符合行业（或约定俗成）的表达规范，要求文字精练、表达准确，特别是课程描述部分，要与宣传介绍有所区别。

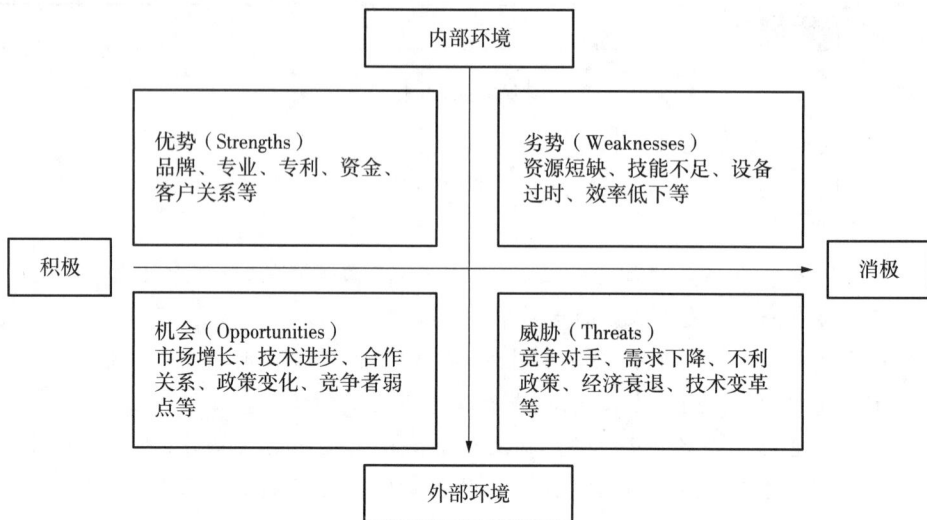

图 3-5　SWOT 分析法

4. 熟悉业务，提高效率

在竞争激烈的市场环境中，时间就是金钱。优先于其他企业提供报价，能比竞争对手先一步让客户了解到本企业产品，能给客户留下办事高效的良好印象。报价的速度对于研学旅行产品的竞争力有着重要影响，同时也会影响研学旅行产品的销售。在首次接触时，很多客户会通过计调人员的回复速度来判断其专业性，这一因素甚至影响客户的最终决定。因此，计调人员在报价时务必保证速度。除了依靠工作经验，不断地学习和提升自己的能力也能快速地熟悉业务，高效地完成报价任务，提高工作效率。

5. 精心设计，重点突出

在与客户沟通过程中，无论是面对面还是电话沟通，都要尽可能将课程安排的重点和特色充分体现出来。在语言表达上，要尽量简洁明了、条理清晰，避免使用复杂的术语，以便客户能够轻松理解。所以，在向客户报价前，要对沟通环节进行精心设计，提前熟悉产品和服务内容，深入研究客户需求和偏好，促使客户尽快接受产品，达成交易。

6. 诚信至上，合理准确

计调人员应充分认识到，获取利润、提高市场占有率是研学旅行企业的目标，所以报价要合理准确，才会有竞争力。在报价过程中，计调人员切不可漫天要价，应该熟悉市场规律，严格按照规定办事。计调人员在接到工作任务的时候，应认真分析并核实各项信息，尤其要确认出行人数，因为人数变动会影响产品的价格，价格要根据人数变动及时做出调整。价格一经报出就不要轻易变更，否则会给客户留下言而无信的印象，进而影响研学旅行企业的信誉。同时，要提早告知客户，如遇"旺季""调价""不可预见"等情况，价格会有变动。

7. 提升服务,体现诚意

在报价过程中,计调人员要充分体现合作诚意,始终将客户放在第一位,倾听他们的需求并尊重他们的选择,热情友好地接待客户,让客户感受到计调人员的真诚。对客户的要求本着"合理且可能"的原则给予回应,不作虚假承诺,不夸大事实,不隐瞒可能出现的问题。应注重耐心倾听客户提出来的问题和要求,凭借工作经验和专业知识来满足客户的需求,切忌充耳不闻、不管不问。

行业观察

东莞教育部门新措施:中小学市内研学收费一般要在200元以内

日前,媒体针对东莞中小学秋季研学推出系列报道,其中关注到部分家长"吐槽"研学费用过高,给家庭支出造成压力。2023年12月15日,东莞市教育局推出《东莞市进一步加强中小学生研学实践教育活动管理若干措施》(以下简称《措施》)。根据《措施》,东莞从12月开始,试行市内开展研学活动的,每生每次收费标准一般在200元以内,此外,学校组织收费研学实践教育活动的,必须同时提供市内免费研学实践路线,试行为期一年。

《措施》要求,严格规范收费管理。研学实践教育活动要坚持公益性原则,不得开展以营利为目的的经营性创收,对贫困家庭学生要减免费用。各校组织研学实践教育活动要由学校、承办机构、家长代表三方共同核算出行成本。费用收取和支出要及时向学生和家长进行公示,确保所有学生和家长知悉。

《措施》显示,结合目前实际,东莞试行以下措施一年(从2023年12月至2024年12月):在市内开展研学实践教育活动的,每生每次收费标准一般在200元以内;学校每次组织研学实践教育活动,每生每次收费标准在1000元以下的线路须达到全部可选择线路的三分之二以上。学校如组织开展每生每次收费标准超过1000元的研学实践教育活动的,需做出书面说明并报上级教育管理部门备案。学校组织收费研学实践教育活动的,必须同时提供市内免费研学实践路线,要确保有学生选择的市内免费研学实践路线成功出行,且由学校老师带队。

日前,本媒体聚焦东莞秋季研学问题,开展了系列报道。记者结合9月以来网上现有的涉中小学研学投诉,公开征集社会反馈和意见,发现不少小学生参加学校组织的东莞市内一天研学得花费200多元,而中学生常常需要前往外市甚至出省,动辄上千元或数千元不等。有家长直言,家中不止一个孩子,面对研学费用不堪重负。

东莞市教育局指出,为了进一步加强对研学工作的指导和监管,积极回应民生关切,针对研学工作的新形势、新要求、新问题,在已有的《东莞市中小学生研学实践教育活动工作指引》的基础上,形成了《东莞市进一步加强中小学生研学实践教育活动管理若干措施》,对研学活动开展的关键环节、关键部位再细化、再梳理、再强调,全力以赴营造良好教育生态。

(资料来源:《南方都市报》,2023-12-15)

知识训练

组团研学旅行产品价格组成与地接研学旅行产品价格构成有何异同点?

技能训练

1.组团研学旅行机构经营成本为1000元,目标利润20%,请根据以下地接研学旅行机构提供的报价表,并结合本地到北京的交通费用,分别计算出教师和学生的报价。

2.小组讨论:此利润合理吗?是否能对外公布本企业的利润?

北京一地6日研学报价表

	客户名称:	××小学		联系人:	林老师	备注	
客户信息	团队性质:	学生团		联系方式:	135×××××××××	账号信息: 名称:北京××研学旅行股份有限公司 开户行及账号:中国银行股份有限公司北京××支行 123456789	
	预计出行日期:	月 日至 日		主题内容:			
	预计人数:	30人+3人					
费用总结算单	应收费用		30人	0	学生		
			3人	0	教师		
	费用总计			0			
	已收费用						
	未收费用						

明细如下

分项明细	项目内容	单价	数量	学生	老师	说明
住宿	营地住宿	90	6	540	540	4人间设有独立卫浴,空调全天24小时开放,供应热水

续表

餐费	6早11正(正餐40)	500	1	500	500	早餐(营地):10×6=60元; 午餐:40×11=440元
车费	50座	15300	1	510	0	
研学项目	国子监	30	1	0	30	
	天坛	34	1	0	34	
	居庸关长城	40	1	0	40	
	北京师范大学	160	1	160	0	享受10免1
	清华大学艺术馆	40	1	40	50	
	国家博物馆	99	1	99	198	
	恭王府	20	1	20	40	
	颐和园	15	1	15	30	
其他	研学旅游指导师	1000	6	200	0	
	保险	5	7	35	35	
	水费及小物料	50	1	50	50	
	研学综费＋操作费			0	0	
	横幅等其他杂费按实际产生结算			0	0	
合计报价	学生价格			2169	0	
	老师价格				1547	

(1) 不含往返大交通;

(2) 请带上护照、身份证、学生证、教师证及国际教学机构介绍信(多份)原件(盖章);

(3) 如产生其他费用,按实际产生的结算;

(4) 全陪需要有导游证,如没有导游证,门票按老师标准结算;

(5) 人数变动/接待标准变动/接待时间变动,价格会有浮动,会重新根据实际情况核算

任务五　研学旅行组团计调操作流程

任务导入

　　某组团社计调人员小微负责组织一次前往外省的研学旅行团,该团包含来自多个学校的学生及教师,共计150人。小微在预订机票时,未能充分考虑航班的起飞时间、到达时间及中转情况,选择了多个航班时间不一的机票,导致团队成员需要分批抵达目的地,不仅增加了管理难度,还有潜在的安全隐患。另外,部分航班存在较长时间的中转等待,且中转机场距离市区较远,给团队成员带来了诸多不便。这些状况引发了团队混乱和成员的不满,进而对组团社的形象产生了负面影响。

　　思考:组团社如何避免此类事件发生?

　　分析:计调人员应与学生、教师及供应商之间保持密切沟通与协作,确保信息的准确传递和及时反馈。在预订机票前,应充分了解团队的具体需求和出行计划,确保选择的航班符合团队要求。

　　同时,还要针对可能出现的航班延误、取消等突发情况,应提前制定应急预案,确保在问题发生时能够迅速响应并妥善处理。

　　组团社应加强对计调人员的培训和管理,提升其专业素养和服务意识。同时,应建立完善的内部管理机制和投诉处理机制,确保服务质量得到持续提升。

任务重点

　　熟悉组团社计调工作的操作流程。

任务难点

　　灵活处理常规问题与突发事件。

任务实施

一、研学旅行前操作流程

(一)接受咨询

　　国内研学旅行组团社计调工作首先是从接听服务网点、客户咨询开始的,在此环节一定要做好记录,问清客户的基本情况和要求,如研学人数、出行时间、往返大交通方式、住宿标准、主要研学景点、是否需要全陪、有无特殊要求等,并填写研学旅行团队信息记录表。需认真记录与客户沟通的要点,留下客户的联系方式。为了减少并避免工作中的失误,计调人员应重复确认客户提出的要求。研学旅行团队信息记录表如图3-6所示。

研学旅行团队信息记录表

所在学校:_____

出发日期:_____年____月____日

返回日期:_____年____月____日

领队/导游姓名及联系方式:_____

1、 基本信息

序号	姓名	性别	年龄	身份证号	紧急联系人姓名	紧急联系人电话	备注
1							
2							
⋮							

二、健康与特殊需求

健康状况:

请勾选任何已知的健康问题或疾病(可多选):

□高血压 □心脏病 □糖尿病 □哮喘

食物过敏(请说明:_____)

其他(请说明:_____)

特殊需求:

□需要轮椅/拐杖 □视力/听力障碍 □饮食习惯限制(如素食、清真等)

其他特殊需求(请详细说明:_____)

三、旅行偏好与注意事项

住宿偏好:

□单人间 □ 双人间

其他要求:_____

餐饮偏好:

是否有特殊饮食要求?_____

研学主题:

其他注意事项:

是否有任何需要特别提醒的事项或要求?_____

四、联系方式

电子邮箱:_____

微信号/手机号:_____

图3-6 研学旅行团队信息记录表示例

（二）确定研学线路和价格

1.确定研学线路

（1）介绍现有研学线路。

各旅行社都推出了多条已成型且向社会公开的研学线路,在接受团体和散客的咨询时,计调人员可以向客户详细地介绍产品的情况,包括产品亮点、报价及价格构成等,让客户从众多研学线路中选择符合自己需求的研学线路。

（2）设计研学线路。

目前,国内规模较大的研学旅行企业,基本上都已经具备自主设计开发研学旅行产品的能力。如果客户选择独立成团,计调人员就必须根据研学目标和要求来重新设计研学线路。研学旅行企业利用多年来在研学要素市场积累的资源,与航空公司、铁路部门、车辆租赁公司等交通运输单位签订包机、专列、包车协议,通过大批量采购获得各项要素的价格优势,将采购的接待产品和大交通资源进行有机整合,从而完成研学旅行产品的设计与开发。在这一过程中,计调人员一定要根据研学目标和要求设计研学线路,与客户多沟通,根据反馈意见多次修改,直至打造出令客户满意的研学线路。

2.询价、计价和报价

（1）询价。

询价时,计调人员应调阅资料库资料,同时向两家以上的地接社进行询价,询价内容包括房价、出行汽车费用、景点门票价格等。要确认相对稳定的要素,如门票、中间段火车票等的价格有无调整,以及经常变动的出行交通费用情况,确认地接的基本价格区间。这一流程与地接社计调工作询价一样。对于国内旅游团,即便行程涉及多个省份,由于对国内情况较为熟悉,计调人员通常会在每个目的地省份分别选择一家地接社合作。这种操作模式有助于充分利用各地地接社的资源优势,实现成本的有效控制。

（2）计价。

计调人员将询价的情况进行汇总,就可以进行内部计价,即将组团社的各项成本加起来。

（3）报价。

报价是在内部计价的基础上,加上一定的利润后向客户给出的价格。报价项目包括城市间大交通费用、地接社服务费用、全陪费用、市内接送费用和一定的利润。给客户报价时一定要做到及时、准确。

报价之后,视报价内容的轻重缓急跟进。及时掌握客户的情况和市场的变化,如有需要或具备条件,要调整报价或增加服务,特别是免费服务内容,通过多种方式增强竞争力,努力促成每一笔订单。同时,要做好跟踪情况和调整内容的记录工作。根据业务进展情况,及时控制资源,如提前预订某一时段的酒店、餐厅、车票、机票等。

（三）签合同收全款

研学旅行产品确定价格后，应与客户签订正式合同并收取全款。

（四）确定团名和编制团号

1. 确定团名

国内组团社研学团的名称，一般由"地区（省或城市）＋组团社（简称）＋产品名称"组成，用中文表示。例如，北京东大旅行社组织了一个到福建武夷山4日游的研学团，则命名为"北京东大福建武夷山4日研学团"。

2. 编制团号

团号就是研学团的编号。目前国内各旅行社对研学团的编号并没有统一的规定，常见的是现代旅行社研学计调规范培训专家熊晓敏提出的规范团号的编制方法。

（五）预报计划

预报计划就是组团社向目的地的地接社编制的出团计划书。若涉及多个地接社，组团社需同时向行程中的各地接社发出预报计划。发出预报计划的目的是让地接社将该旅行团纳入其接待计划。预报计划的内容包括团号、研学团的准确人数、团队抵/离时间及乘坐的交通工具、日程安排、食宿标准及其他要求等。组团社应向选定的地接社发出正式的团队预报，将产品的研学行程计划书发给地接社，以便地接社提前做好准备工作，尽早预订酒店、车辆等资源。出团计划书示例如表3-2所示。

表3-2　出团计划书

TO:		T:		F:	
FR:		T:		F:	Date:
团号：	人数：		房间数：	团型：	
日期	交通		日程安排	餐饮	酒店
服务标准					
购物说明					
注意事项					
结算					

请盖章后回传确认！多谢！　　　　发件人：

知识拓展

国内研学组团合同范本（试行）

知识拓展

熊晓敏对于规范团号的编制的说明

（六）编制概算单

组团社计调人员编制概算单,报财务审核、总经理签字后开始订票作业;凭概算单、组团合同、地接社确认件、团队接待通知书填写借款单。概算单示例如表3-3所示。

表3-3　XBX07-2F0630A新疆马莉团备用金明细(概算单)

日期	费用类型	数量	天/顿	单价/元	费用/元	备注
餐	用餐	46	10	55	25300	
	打包早餐	46	1	10	460	
门票	用餐	46	1	65	2990	
	打包早餐	46	1	35	1610	
	火焰山景区	5	1	45	225	
	高昌故城	5	1	65	325	
	火云谷景区	5	1	30	150	
	坎儿井乐园	5	1	35	175	
	葡萄沟景区	200	1	59	11800	
	吐鲁番博物馆	160	1	50	8000	
	苏公塔	46	5	5	1150	
小计/元	52185					
备用金/元					3815	
支出/元	56000					

(资料来源:北京中凯国际研学旅行股份有限公司)

（七）订票作业

组团社计调人员仔细落实并核对计划,向票务人员发送航空订座单,注明姓名、身份证、航班号、日期、人数等,并由经手人签字。如遇变更,及时通知票务人员。航空订座单示例如表3-4所示。

表3-4　航空订座单

自	至	航班号	日期	起飞时间	人数		记录编号
					成人	儿童	
序号	姓名	身份证号		序号	姓名	身份证号	
1				7			
2				8			

续表

序号	姓名	身份证号	序号	姓名	身份证号
3			9		
4			10		
5			11		
6			12		

（八）地接社书面确认

1.向地接社发团队预告,确认最终行程

组团社计调人员应向选定的地接社发出正式的团队预告,应尽可能在团队到达前30天发出。预报内容包括研学团号、研学人数、研学团员构成情况(如性别、年龄、民族、有无特殊要求)、抵/离时间、研学线路、交通工具要求、食宿标准、要求等;特别应标明离开的交通工具、车次、航班及其他内容,并要求地接社在3~5天内予以回复。

2.计划变更确认

组团社计调人员应等待地接社回传确认信息,将团队的所有细节落实到位。如遇变更,组团社应及时作出变更通知,向协议地接社发送信息,并要求对方进行书面确认。计划变更主要原因如下。

（1）组团社方面。

组团社未能按计划招徕到足够的研学者,在研学旅行团预定的出发日期前不能成团;在研学旅行团启程时,原参团人员临时退团,使研学旅行团原定人数减少,或者出发前有人加入,使得原计划人数增加。上述情况使得地接社在安排酒店客房、餐饮和交通工具等方面都需要做出相应调整。

（2）地接社方面。

地接社方面的原因一般体现在以下两个方面。一是目的地交通情况变化,使得旅行社制订的研学活动计划发生变更,如因气象条件恶劣、航班的起飞时间推迟或飞行取消,使得地接社无法按照原定计划组织研学者前往下一站,从而被迫改变研学活动计划。二是地接社工作人员的差错或失误引起的研学活动计划的变更,如地接计调人员对研学活动安排不当或疏忽导致研学团队误机等。

（3）研学旅行团方面。

研学旅行团在研学活动过程中,个别研学活动者因突发状况而中止研学活动或要求提前退团引起研学旅行团人数的变化,这都需地接社对研学旅行团的住房、交通等进行调整。

（4）不可抗力。

不可抗力,包括气候突变(如暴风雪、沙尘暴等)、自然灾害(如洪水、地震、泥石流等)、疫病流行、政治动乱和恐怖活动等。不可抗力常迫使旅行社变更其原先制订的研

学活动计划。

（九）发出正式计划

待地接社回传确认后，组团社在出发前发出正式计划。正式计划应以正式文件形式打印、盖公章（或计划专用章），一式两份（发出、留存各一份），同时督促对方回执。正式计划既是计划，又是对方的结算收款依据，应确保内容正确无误。通常情况下，正式计划发出以后，不应再有大的变更。

（十）选派研学旅游指导师

组团社在发团时会选派研学旅游指导师作为全陪随团行动，任务是协调团队关系，监督接待社执行研学旅行活动计划并保证接待的质量。组团社研学旅游指导师的选派标准如下。

1. 熟悉业务，知识丰富

在研学团队活动开展期间，由于可能遭遇各种状况，且涉及众多业务部门，所以需要协调好各方面关系。知识丰富且业务熟悉的研学旅游指导师，善于处理各种复杂关系，能够预测可能出现的各种变故，并能采取恰当的应对措施，从而保障研学活动顺利进行。

2. 有职业道德，责任心强

研学旅游指导师是研学旅行团合法权益的维护者，是保证研学活动圆满完成的责任人。这项工作十分辛苦，且容不得半点差错。只有爱岗敬业、责任心强者才能胜任全陪工作。

3. 有较强的独立工作能力

研学旅游指导师必须具有较强的亲和力和语言表达能力，能与研学者充分沟通交流。同时，还应具备熟练应对各类突发事件的能力。组团社在选择研学旅游指导师时，应对其工作能力进行全面评估，尽可能选择独立工作能力强的人。

（十一）最终确认付款

组团社计调人员应在团队出发前24小时内与客户核对计划，要求客户最终确认，向客户催要结算单。确认团队质量无异议，经财务部审核、总经理批准，将团款汇入地接社账户。

（十二）发团管理

1. 制作好出团通知书

团队出发前，组团社计调人员应制作好出团通知书，将研学前需要准备的资料、研学中的注意事项向研学者逐项交代清楚。

2. 发团

发团,是指组团社把研学旅行团委托给选定的地接社,并由地接社负责落实合同中规定的研学者应该享受的权利,并推进研学活动进程。组团社将研学旅行团委托给研学目的地的地接社后,地接社根据合同规定安排研学团在目的地的一切研学活动,组团社对地接社进行监督,督促其完成合同内容。

二、研学中监督

研学旅行团出发之后,组团社计调人员应实时监控团队的异地运行,监督内容如下。

（一）监督地接社的接待情况

组团社要与地接社保持密切联系,及时获取研学旅行团运行的有关信息,督促地接社按照合同约定提供质价相符的服务。如遇到突发事件,组团社要负责协调各方关系,及时排除阻碍因素,确保研学活动的顺利进行。倘若因不可预见因素导致研学活动中断或行程更改,组团社要与地接社配合,做好研学者的思想工作,并依据相关规定妥善处理后续事宜。

（二）监督研学旅游指导师的工作情况

组团社计调人员在研学旅行团出发后,应该要求研学旅游指导师(全陪)定期向组团社汇报团队情况,组团社要随时处理全陪提出的要求和建议,有重大情况需及时向研学旅行企业高层汇报,并负责落实领导指示。同时,组团社还要向地接社了解并监督研学旅游指导师在工作中是否认真履行自己的职责。具体要求如下:监督研学旅游指导师认真填写研学旅游指导师日志;监督研学旅游指导师在研学旅行团返回后3天内汇报情况,撰写出团总结,并提交研学活动者意见反馈表;旅途中如果发生重大事故,要求研学旅游指导师单独撰写事故报告,就事故原因、经过、处理办法及研学者的满意程度进行专项汇报。研学旅游指导师日志示例如表3-5所示。

表3-5 研学旅游指导师日志

研学团号		地接研学旅行企业		
接待时间		人数		
研学目的地				
团内特殊情况及要求:				
研学学生的意见、建议及对研学活动的评价:				
研学团发生的问题及处理情况:				
研学旅游指导师的意见和建议:				
对地接全过程的评价:		合格	不合格	

Note

续表

行程状况	顺利	较顺利	一般	不顺利
客户评价	满意	较满意	一般	不满意
服务质量	优秀	良好	一般	比较差
地接人员签字		日期		
部门领导签字		日期		

（三）监督研学活动情况

团队出发后,组团社计调人员应向研学旅游指导师和地接社了解研学活动的进展情况,以便在第一时间发现问题。一旦发现问题,计调人员要及时与地接社协商解决,确保团队研学活动顺利进行。对于违规行为,计调人员要注意收集证据,为后续处理问题提供依据。

三、研学后工作

（一）送团

在研学旅行团顺利结束异地行程返回本地后,组团社计调人员与全陪一起做好送团工作,主动征求研学者的意见,让研学旅行团愉快地结束整个研学行程。

（二）结算

若研学旅行团在研学过程中出现一些变动,如增减项目导致费用变化,那么在研学活动结束后,计调人员需要对整个过程进行审核;了解研学旅行团对地接社的服务质量是否存在异议,有无投诉情况;给地接社拨付全款前,应要求地接社把研学者的意见反馈表传回组团社,以此作为拨款的依据;做好结算单,报财务部门结账,一般要求在行程结束后一周内完成清账工作。

填写决算单,连同概算单(一式两份)、组团合同、地接社确认件、地接社结算单、团队接待通知书原始凭证等,交公司财务部报账。报账之后,计调人员应及时将涉及该团的协议单位的相关款项录入团队费用往来明细表中,以便核对。

（三）总结

行程结束之后,组团社需要对研学旅行团的原始资料进行整理。每月月底,将该月团队资料登记存档,以备查询。建立研学团队档案,主要内容包括地接报价单(历次报价)、双方签字的确认单(盖章)、客户名单、合同、缴费单、最终行程表、订车单、订票单。这些资料的保存期至少为2年。

组团社计调人员对整个带团工作进行总结,检查研学旅游指导师日志。在处理表扬与投诉事宜时,所有表扬和投诉情况都需报告给部门领导。对于表扬,应当对当事人予以褒奖,或者通过一定的宣传手段提升组团社的美誉度;而对于一些涉及多个部门的投诉,若处理不当,组团社可能会遭受名誉或经济损失。因此,计调人员需深入了解具体情况,如实向部门领导汇报,并做好协调沟通工作。

(四)售后

在研学旅行团结束行程返回本地后,组团社计调人员应进行客户满意度调查,以获取准确的信息,为以后工作的改进提供依据。计调人员要与客户保持良好的关系,努力与他们成为朋友,为第二次销售工作打下基础。

知识训练

1.组团社计调人员研学前操作流程是什么?

2.组团社计调人员选择目的地地接社时应采用哪些标准?

3.组团社为什么在发出正式计划之前要先给地接社发团队预告?

技能训练

李沙是郑州××旅行社的外省专线部计调人员,接待了某中学高二年级老师的咨询:学校准备组织高二年级同学(240名学生)前往北京进行为期4天的研学。

研学主题:筑梦清华名校,领略京城古韵。

往返交通:高铁。

研学目的:通过研学课程,了解北京既古老又现代的历史变迁、发展脉络及基本走向,增强文化自信和民族自豪感。通过发现问题、探究问题、寻找有效解决方法、总结反思的步骤,参观博物馆和地标性文化建筑,培养学生乐学善学、勤于反思的意识。

特别要求(清华大学、北京故宫博物院两个研学目的地):

(1)走进600多岁的紫禁城,深入学习北京故宫博物院中皇城形制设计来源、历史沿革、建筑形式与宫廷制度,系统地了解故宫建筑群所蕴含的家国理念与文化内涵。

(2)身临清华大学学术殿堂,身体力行感受"自强不息、厚德载物"的校训和"行胜于言"的校风,与清华学子面对面,聆听他们的求学经历和学习心得,了解大学生活和教育模式,探讨美好未来,感受百年名校教学氛围,勉励自我,立志成才。

(资料来源:蒲公英成长营地小程序)

思考:作为组团社计调人员,你应该如何操作?

🌴 项目小结

本项目主要介绍国内研学旅行企业组团计调应掌握的基础知识、主要业务及工作流程。首先,介绍了组团社计调人员应该掌握的基础知识。其次,阐述了组团社研学旅行产品设计与开发、定价与报价方法及各项服务的采购方法。最后,详细地分析了组团社计调工作的整个工作流程。

项目四
出境研学旅行组团计调业务实操

知识目标

1.了解出境研学旅行组团社计调人员应掌握的相关法律法规、目的地国家或地区概况和出境研学行业的规范等基础知识。

2.熟悉出境研学旅行产品的设计的原则与方法、开发策略与报价技巧。

3.明确出境研学旅行服务的采购方法与质量控制。

4.掌握出境研学旅行组团计调工作的流程。

能力目标

1.能够设计出境研学旅行产品,并进行定价和报价。

2.能够及时采购研学旅行产品的各种服务。

3.具备初步操作出境旅游团队的业务能力。

素质目标

1.培养学生跨文化交流的能力,尊重并理解不同国家和地区的文化、习俗。

2.强化以客户为中心的服务理念,注重细节,关注客户需求,提供超出客户期望的优质服务,建立长期稳定的客户关系。

3.鼓励学生保持好奇心和求知欲,不断学习新知识、新技能,灵活应对市场变化和技术革新。

4.强调责任感和专业精神,严格遵守职业道德规范,诚实守信,维护研学行业的良好形象。

思维导图

```
                                          ┌─ 出境研学所需证件
                                          ├─ 各国出入海关所需知识
        出境研学旅行计调人员知识准备 ──────┤
                                          ├─ 其他知识
                                          └─ 目的地国家基础知识

                                          ┌─ 出境研学旅行产品影响因素
        出境研学旅行产品设计 ─────────────┤
                                          └─ 出境研学旅行产品的开发流程

                                          ┌─ 国际交通服务采购
出境研学旅行组团                           │
计调业务实操 ──── 出境研学计调采购业务 ────┼─ 境外地接研学机构服务采购
                                          └─ 出境其他服务采购

                                          ┌─ 出境研学旅行产品构成
        出境研学旅行产品报价 ─────────────┤
                                          └─ 出境研学旅行产品报价流程

                                          ┌─ 研学前计调工作
        出境研学计调操作流程 ─────────────┼─ 研学中工作流程
                                          └─ 研学后续工作
```

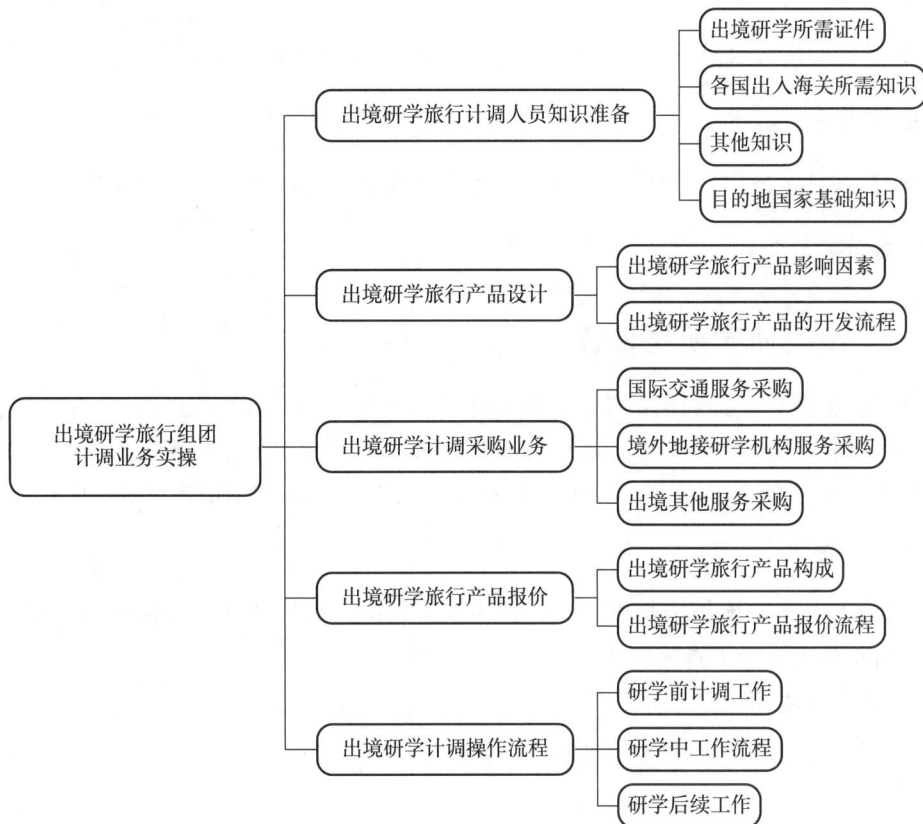

任务一　出境研学旅行计调人员知识准备

任务导入

2024年7月5日,济南高新区某中学组织20余名学生踏上远赴加拿大的研学之旅。研学团队搭乘国际航班,经韩国仁川国际机场中转,同日抵达加拿大西海岸城市温哥华国际机场。随后由专车送至温哥华对口学校参加欢迎仪式。

思考:假设你是出境研学旅行计调人员,在组织此次加拿大研学旅行前,需要师生准备哪些必要的出境证件?考虑到团队途经韩国仁川机场中转,边防检查过程中应特别注意哪些环节?如何确保团队顺利通过各国边检?北京与温哥华的时差是多少小时?抵达加拿大温哥华后,应如何帮助师生快速调整以减少时差带来的不适?

分析:作为出境研学旅行计调人员,应深入了解并掌握出境研学旅行中涉及的关键知识领域,包括证件办理、海关检查以及时区等知识,以确保研学旅行的顺利进行。

任务重点

熟悉出入境相关证件知识,以及海关检查知识、国际时差相关知识。

任务难点

能根据研学团队的具体需求,妥善安排出境研学相关事宜。

任务实施

一、出境研学所需证件

根据《中华人民共和国护照法》和《中华人民共和国出境入境管理法》的有关规定,公安机关出入境管理机构签发的出入境证件有多种,其中签发给中国公民的主要有护照、往来港澳通行证、大陆居民往来台湾通行证、中华人民共和国出入境通行证等。

（一）护照

中华人民共和国护照是中华人民共和国公民出入国境和在国外证明国籍和身份的证件,是最主要的出入境证件。

1. 种类及签发机关

护照分为普通护照、外交护照和公务护照。

（1）普通护照。

普通护照主要签发给前往国外定居、探亲、学习、就业、旅行、从事商务活动等非公务原因出国的中国公民。此类护照由公安部出入境管理机构或者公安部委托的县级以上地方人民政府公安机关出入境管理机构以及中华人民共和国驻外使馆、领馆和外交部委托的其他驻外机构签发。

（2）外交护照。

外交护照主要签发给外交官员、领事官员及其随行配偶、未成年子女和外交信使。此类护照由外交部签发。

（3）公务护照。

公务护照主要签发给中华人民共和国驻外使馆、领馆或者联合国、联合国专门机构,以及其他政府间国际组织中工作的中国政府派出的职员及其随行配偶、未成年子女等。此类护照由外交部、中华人民共和国驻外使馆、领馆或者外交部委托的其他驻外机构以及外交部委托的省、自治区、直辖市和设区的市人民政府外事部门签发。

除外交护照、公务护照持有对象之外的我国公民须出境执行公务的,由其工作单位向外交部门提出申请,由外交部门根据需要向其签发外交护照或公务护照。

2. 普通护照的申请

普通护照的申请,分为国内申请和国外申请两种。

（1）国内申请。

公民因前往外国定居、探亲、学习、就业、旅行、从事商务活动等非公务原因出国的,由本人向户籍所在地的县级以上地方人民政府公安机关出入境管理机构申请普通护照。公民申请普通护照,应当提交本人的居民身份证、户口簿、近期免冠照片以及申请事由的相关材料。国家工作人员因《中华人民共和国护照法》第五条规定的原因出境申请普通护照的,还应当按照国家有关规定提交相关证明文件。公安机关出入境管理机构应当自收到申请材料之日起15日内签发普通护照;对不符合规定不予签发的,应当书面说明理由,并告知申请人享有依法申请行政复议或者提起行政诉讼的权利。在偏远地区或者交通不便的地区或者因特殊情况,不能按期签发护照的,经护照签发机关负责人批准,签发时间可以延长至30日。公民因合理紧急事由请求加急办理的,公安机关出入境管理机构应当及时办理。

（2）国外申请。

中国公民在国外申请护照,应当向我国驻外使馆、领馆或者外交部委托的其他驻外机构提出,由这些机关或部门进行审核和颁发护照。

3.有效期限

普通护照的有效期限规定如下:护照持有人未满16周岁的,有效期为5年;16周岁以上的,有效期为10年。

4.换发或补发

有下列情形之一的,护照持有人可以按照规定申请换发或者补发护照:①护照有效期即将届满的;②护照签证页即将使用完毕的;③护照损毁不能使用的;④护照遗失或者被盗的;⑤有正当理由需要换发或者补发护照的其他情形。

5.不予签发的情形

申请人有下列情形之一的,护照签发机关不予签发护照:①不具有中华人民共和国国籍的;②无法证明身份的;③在申请过程中弄虚作假的;④被判处刑罚正在服刑的;⑤人民法院通知有未了结的民事案件不能出境的;⑥属于刑事案件被告人或者犯罪嫌疑人的;⑦国务院有关主管部门认为出境后将对国家安全造成危害或者对国家利益造成重大损失的。

申请人有下列情形之一的,护照签发机关自其刑罚执行完毕或者被遣返回国之日起6个月至3年以内不予签发护照:①因妨害国(边)境管理受到刑事处罚的;②因非法出境、非法居留、非法就业被遣返回国的。

（二）签证

1.概念

签证,是一个国家的主权机关在本国或外国公民所持的护照或其他旅行证件上的签注、盖印,以表示允许其出入本国国境或者经过国境的手续。

中国公民前往其他国家或者地区,还需要取得前往国签证或者其他入境许可证明。但是,中国政府与其他国家政府签订互免签证协议或者公安部、外交部另有规定的除外。据此可知,仅持有有效护照、旅行证并不意味着中国公民可以随时出境,持照人还必须申请办理前往国的签证(互免签证除外)。

2. 办理签证的程序

办理外国签证,无论采取哪一种方式,是委托代办,还是自己办理,一般需要经过下列步骤。

第一步:递交有效的护照。

第二步:递交与申请事由相关的各种证件,如有关自己出生、婚姻状况、学历、工作经历等的证明。

第三步:填写并递交签证申请表格。签证不同,表格也不同,多数要用外文填写,同时提供本人照片。

第四步:前往国驻该国大使馆或领事馆官员会见。有的国家规定,凡移民申请者必须面谈后才能决定;也有的国家规定,申请非移民签证也必须面谈。

第五步:大使馆或领事馆将填妥的各种签证申请表格和必要的证明材料,呈报国内主管部门审查批准。有少数国家的大使馆或领事馆有权直接发给签证,但仍必须转报国内备案。

第六步:前往国的主管部门进行必要的审核后,将审批意见通知驻该国大使馆或领事馆、如果同意,即发给签证;如果拒绝,也会通知申请者(对于拒签,大使馆或领事馆方面也是不退签证费的)。

第七步:缴纳签证费用。一般来说,递交签证申请的时候就要先缴纳费用,也有个别国家是在签证申请成功的时候才收取费用。一般来说,移民签证费用略高,非移民签证费用略低,也有些国家和地区的签证是免费的。

3. 申请签证提供的资料

各个国家大使馆或领事馆对申请签证所需资料是不一样的,有的简单,如某些东南亚国家,只需要2张照片和护照;有的复杂,如在职人员必须提供单位营业执照复印件并加盖公章、在职证明原件等。有的国家和地区不要求会见申请人,如日本、韩国、澳大利亚及东南亚等国家和地区。有的国家在递交护照等材料的同时必须和申请人会面,如美国;有的只选择与部分申请人会面,如加拿大。各国大使馆或领事馆的权限存在差异,受理和审批签证的程序不一样,因此,从受理申请人签证申请到正式颁发有效签证,所需时间长短不一。有些情况下,办理时间较长,可能需要3至5个月,甚至超过半年;而在另一些情况下,办理时间较短,仅需几天,如日本;或者有的当时就可以获得签证,如美国。旅游签证方面的知识比较复杂,计调人员应该熟悉自己所负责区域办理签证所需要的资料。

（三）其他证件

其他证件包括中华人民共和国旅行证、中华人民共和国往来港澳通行证、大陆居民往来台湾通行证和中华人民共和国出入境通行证等。

1. 旅行证

中华人民共和国旅行证,是指中华人民共和国驻外使领馆或者外交部委托的其他驻外机构依据短期出国的在国外遗失、损毁护照或护照被盗的公民申请而颁发给该公民证明身份的证件。中华人民共和国旅行证分一年一次有效和两年多次有效两种。

2. 通行证

《中华人民共和国出境入境管理法》第十条规定:中国公民往来内地与香港特别行政区、澳门特别行政区,中国公民往来大陆与台湾地区,应当依法申请办理通行证件,并遵守本法有关规定。

《中华人民共和国护照法》第二十四条规定:公民从事边境贸易、边境旅游服务或者参加边境旅游等情形,可以向公安部委托的县级以上地方人民政府公安机关出入境管理机构申请中华人民共和国出入境通行证。

行业观察

大量学生出国研学需办证,西安公安高新分局出入境接待大厅开通"绿色通道"

2023年4月,西安公安高新分局出入境接待大厅工作人员在联络辖区学校时了解到,高新二小和高新七小计划组织学生参加出国研学活动。由于涉及学生数量较多,且学生周内需上课、空闲时间少,学校统一组织办理出入境证件面临困难。

得知此情况后,出入境接待大厅主动与委托机构沟通协商。为避免学生请假耽误课程或集中办证造成人流拥堵,出入境大厅在警力有限的情况下,决定自4月12日起开通多个"绿色通道",专为此次研学学生提供出入境证件便捷办理服务。学生可在家长陪同下,利用中午课余时间到大厅,由导办员快速引导完成一站式办理。

据了解,公安高新分局出入境接待大厅将继续深入落实"三下"工程,持续与辖区内企校保持联络,及时发现群众困难,及时解决群众急难愁盼问题,让"联访解"时刻处于进行时,为群众提供了最贴心、暖心、安心的服务。

(资料来源:搜狐网)

二、各国出入海关所需知识

1. 熟悉入境携带个人自用物品的规定

对于个人自用的生活用品,欧美国家一般没有限制,都准予入境。对于入境旅客所携带的美元或其他外币(包括旅行支票),一般都准予入境,但旅客应该如实申报。在进入国际口岸之前,国际航班的服务人员一般会发给每位旅客一份入境时通关用的海关申报单。旅客应该如实申报,包括随身携带的外汇及支票。

2. 明确各国(地区)禁止入境的物品

世界各国海关一般都严禁致瘾、致幻物品及其原料入境;大部分国家(地区),特别是世界野生动物保护组织的参与国对于动物制品(如象牙制品,毛皮制品)都有不同程度的限制。一些国家海关禁止从象牙产地国进口象牙或象牙制品,也禁止进口濒危动物的毛、皮、骨制品等。

3. 各国(地区)入出境手续

各个国家(地区)对入出境旅客均实行严格的检查手续,办理这些手续的部门一般设在口岸和旅客入出境地点,如机场、车站、码头等。入出境手续包括以下几个方面。

(1)边防检查。

很多国家(地区)的边防检查由移民局(外侨警察局)负责。入出境者要填写入出境登记卡片(有时由航空公司代发卡片,可提前填写),交验护照和签证。卡片的内容包括姓名、性别、出生年月、国籍、民族、婚否、护照种类和号码、签证种类和号码、有效期限、入境口岸、日期、逗留期限等。护照、签证验毕加盖入出境验讫章。

(2)海关检查。

海关检查人员一般仅询问是否有需申报的物品,但有的国家(地区)要求入出境者填写携带物品申报单。海关有权检查入出境者所携带的行李物品,有的海关对个人日用品、衣物等的检查不是十分严格,对持外交护照者可以免检。各国(地区)对入出境物品管理规定不一,烟、酒、香水等物品常常限额放行。文物、武器、当地货币、藏品、动植物等为违禁品,非经允许,不得出入境。有些国家(地区)还要求填写外币申报单,出境时还要检查。

(3)安全检查。

近年来,由于劫持飞机事件时有发生,因此,很多国家(地区)对登机的旅客实施安全检查措施越来越普遍,相关手续也日趋严格,禁止游客携带武器(凶器)、爆炸物、剧毒物等。安全检查方式包括安全门检查、用磁性探测器近身检查、检查手提包、搜身等。

(4)卫生检疫。

国境卫生检疫的主要内容包括传染病监测、卫生监督、卫生处理、检疫查验等。海关通过对入出境人员、交通工具、运输设备(集装箱)、货物、行李、邮包快件、特殊物品、尸体(骸骨)等实施医学检查和卫生检查,监测上述对象现实或潜在的携带传染病病原体、病媒生物等公共卫生风险,预防和控制传染病通过口岸传播。国境卫生检疫最初的目的是防止疫病通过口岸传入或者传出,因此,国境卫生检疫处于海关出入境检验检疫的最前端,这也符合"检疫先行"的国际通行准则。

三、其他知识

1. 各国（地区）汇率和货币知识

（1）汇率。

汇率是人民币与美元或其他国家（地区）主要流通货币之间不断变化而产生的比率。计调人员要学会利用汇率来提高利润。例如，某研学旅行团在出发前已经核算好了价格和确认了汇率，一旦行程结束，汇率升高或者降低就会造成结算价格的变动，很可能造成损失。因此，通过汇率换算出接待价格，对比解析实际接待成本、利润点、可能产生的边际效益，是计调人员控制团队成本的一种重要手段。

例如，一个研学旅行团到境外开展研学活动，组团时，确定的接待费为10000元/人，而出行当天，接待国币种升值了3%，则组团成本明显加大，接待费为10300元/人，此时，应采取延缓支出以求平衡。当接待国的币种汇率下降或人民币升值时，应该赶快汇款，这样可以控制支出费用，起到节约成本、提高利润的作用。

目前，全世界有一百多个国家（地区）的货币，其中大约有30种货币属于交易活跃的货币。单以这30种货币来说，每一种货币对其他货币共有29种汇率，就会有435种不同汇率。汇率的确定方法随国际货币制度的变化而不断变化。

（2）货币符号。

货币符号是一种常被用来作为货币名称的图像速记符号。一般每个国家都有自己的货币，有些地区也有自己的货币。例如，人民币的表示符号是"￥"。

2. 时区知识

时区是地球上的区域使用同一个时间定义。地球总是自西向东自转，东边总比西边先看到太阳，东边的时间也总比西边的早。东边时刻与西边时刻的差值不仅要以时计，还要以分和秒来计算，这给人们的日常生活和工作都带来了许多不便。为了克服时间上的混乱，1884年在华盛顿召开的国际经度会议决定按照15°一个时区，将全球划分为24个时区。它们是中时区（以0°经线为基准，从西经7.5°至东经7.5°，又叫零时区），东一区至东十二区、西一区至西十二区。每个时区横跨经度15°，时间正好是1小时。最后的东、西第十二区各跨经度7.5°，以东、西经180°为界。每个时区的中央经线上的时间是这个时区内统一采用的时间，称为区时，并且规定相邻区域的时间相差1小时。当人经过一个区域，就将自己的时钟校正1小时（向西减1小时，向东加1小时），跨过几个区域就加或减几小时。

3. 宗教与风俗习惯

计调人员务必熟悉目的地国家的宗教传统、风俗习惯及其独特禁忌。例如：在泰国，进入寺庙前需脱鞋以示尊重，游览大皇宫时女性着装需避免短裙与凉鞋以符合庄重场合的规范；在新加坡，任何不良卫生习惯，如随地吐痰、乱扔垃圾等，都将面临高额的经济处罚。掌握这些知识，是确保出境研学旅行顺畅的前提。

Note

计调人员在制定出行指南时,需清晰、明确地列出当地的文化习俗和行为禁忌,并通过多种渠道提前传达给研学团队的每一位成员,确保大家牢记于心,从而成为友好交流、尊重文化差异的文化使者。如此细致周到的准备,将使研学旅行不仅成为一场知识探索之旅,更成为一次深化跨文化理解与尊重的宝贵体验。

四、目的地国家基础知识

计调人员在规划与管理境外研学旅行时,应全面且深入地了解目的地国家的基础信息,涵盖多个关键领域,从而保障研学旅行的顺利开展,并为学生营造安全且富有成效的学习体验。以下是需要重点掌握的基础知识。

1. 国土地理与气候

地理位置:了解目的地国家的地理分布,包括主要的岛屿、山脉、河流等,以及该国主要城市及相互间的距离。

气候特点:掌握目的地国家的季节变化、降雨情况、气温范围等,以便合理安排行程和准备衣物。

政策速递

出境研学,可以去哪些国家和地区?

《文化和旅游部办公厅关于恢复研学旅行企业经营中国公民赴有关国家和地区(第三批)出境团队旅游业务的通知》内容具体如下。

各省、自治区、直辖市文化和旅游厅(局),新疆生产建设兵团文化体育广电和旅游局:

自试点恢复旅行社经营中国公民赴有关国家出境团队旅游业务以来,出境旅游市场整体运行平稳有序,对促进旅游交流合作发挥了积极作用。为贯彻落实党中央、国务院决策部署,进一步服务经济社会发展,现就恢复旅行社经营中国公民赴有关国家和地区(第三批)出境团队旅游业务相关事项通知如下:

一、时间安排

即日起,恢复全国旅行社及在线旅游企业经营中国公民赴有关国家和地区(第三批)出境团队旅游和"机票+酒店"业务。

二、国家名单

亚洲:阿曼、巴基斯坦、巴林、韩国、卡塔尔、黎巴嫩、孟加拉国、缅甸、日本、土耳其、以色列、印度。

非洲:阿尔及利亚、埃塞俄比亚、贝宁、博茨瓦纳、赤道几内亚、佛得角、加纳、喀麦隆、科特迪瓦、卢旺达、马达加斯加、马拉维、马里、摩洛哥、莫桑比克、塞舌尔、圣多美和普林西比、突尼斯。

欧洲:爱尔兰、爱沙尼亚、安道尔、奥地利、白俄罗斯、保加利亚、北马其顿、比利时、波黑、波兰、德国、芬兰、荷兰、黑山、捷克、拉脱维亚、立陶宛、列支敦士登、卢森堡、罗马尼亚、马耳他、摩纳哥、挪威、瑞典、塞浦路斯、斯洛伐克、英国。

北美洲:安提瓜和巴布达、巴巴多斯、格林纳达、哥斯达黎加、美国、墨西哥、特立尼达和多巴哥、牙买加。

南美洲:秘鲁、厄瓜多尔、哥伦比亚、圭亚那、苏里南、委内瑞拉。

大洋洲:澳大利亚、巴布亚新几内亚、库克群岛、密克罗尼西亚联邦,北马里亚纳群岛联邦、法属波利尼西亚、法属新喀里多尼亚。

各地要强化责任担当,指导旅行社严格落实团队旅游管理各项制度和规范,落实"一团一报"制度,加强对旅行社及在线旅游企业的监督检查,切实维护旅游市场秩序,保障游客合法权益。

特此通知。

文化和旅游部办公厅

2023年8月10日

(资料来源:中华人民共和国文化和旅游部官网)

2. 政治与社会环境

政治制度:了解目的地国家的政治体制、主要政党、政府结构及其稳定性。

社会环境:评估目的地国家的安全形势、犯罪率、社会治安状况,以及可能对研学旅行产生影响的社会事件。

3. 文化与习俗

文化背景:了解目的地国家的历史、文化特色、宗教信仰、艺术风格等。

风俗习惯:熟悉当地人的礼仪规范、饮食习惯、节日庆典、禁忌等,以避免文化冲突和误解。

4. 签证与入境规定

签证政策:掌握目的地国家的签证类型、申请流程、所需材料、费用及有效期等。

入境要求:了解目的地国家海关、检疫、货币携带、物品申报等入境规定。

5. 教育资源与研学机会

教育机构:了解目的地国家的高校、研究机构、博物馆、科技馆等教育资源。

研学项目:寻找与研学主题相关的课程、讲座、实验、考察等活动,确保学生能获得丰富的学习体验。

6. 交通与通信

交通网络:熟悉目的地国家的交通方式(如公共交通、出租车、租车服务等)及其票价、时刻表。

通信设施:了解目的地国家的通信网络、电话卡购买及使用方式、紧急联系方式等。

7. 住宿与餐饮

住宿条件:评估目的地国家的住宿设施(如酒店、民宿、青年旅社等)的安全性、舒适度及价格。

餐饮习惯:了解目的地国家的饮食特色、卫生状况及可能的饮食禁忌。

8. 法律法规

当地法律:了解目的地国家的法律法规,特别是与学生行为、摄影摄像、环境保护等相关的规定。

行为准则:向学生传达在境外应遵守的行为准则,避免违法或不当行为。

9. 货币与金融

货币兑换:了解目的地国家的货币种类、汇率及兑换方式。

金融服务:熟悉目的地国家的银行、ATM机分布及信用卡使用情况。

10. 健康与安全

健康信息:关注目的地国家的卫生信息、常见疾病及预防措施,为学生准备必要的药品。

安全指南:制定详细的安全指南,包括紧急联系方式、避险措施、医疗救助等。

通过深入了解这些基础知识,出境研学旅行计调人员可以更加全面地评估目的地国家的适宜性,制订更加科学合理的行程计划,并为学生提供更加周到细致的服务和保障。

知识训练

1. 依据《中华人民共和国护照法》,未满16周岁的普通护照持有人的护照有效期为多少年?

2. 飞往伦敦的研学旅行团于北京时间12:00降落在希思罗国际机场,那时的伦敦时间是多少?

技能训练

任意选择一个国家,通过查阅资料,了解该国的研学资源具体有哪些。

任务二　出境研学旅行产品设计

任务导入

整合澳大利亚的研学资源,根据要求设计澳大利亚研学旅行产品。

（1）研学旅行时间：国庆节期间，9天。

（2）研学旅行主体：上海实验中学初二学生200人。

（3）研学旅行地点：悉尼、布里斯班、黄金海岸、凯恩斯等。

（4）研学旅行目标：沉浸体验世界名校氛围，深入了解澳大利亚国立大学的教育理念，以及历史和现代科研设施；在经典自然人文景观、博物馆间，感受多元文化的魅力，开阔视野，增长见识；近距离接触大堡礁海洋生态，激发海洋环境保护的意识。

思考：根据具体情境设计出境研学旅行产品，有哪些要求？

分析：要求了解研学目的地研学发展概况，以及教育资源、文化旅游资源；掌握出境研学旅行产品开发的要求；熟悉出境研学旅行产品开发的流程，能够结合研学旅行主题的要求与研学旅行时间，整合研学资源，设计研学旅行产品。

任务重点

研学旅行产品设计流程。

任务难点

结合研学旅行主题，设计研学旅行产品。

任务实施

一、出境研学旅行产品影响因素

（一）出境研学旅行产品开发优先考虑的因素

1. 了解目的地国家的签证状况

在开发出境研学旅行产品时，出境组团社计调人员一定要了解目的地国家的签证政策、入境要求及健康安全措施，确保研学团队能够顺利入出境。关注两国或多国之间的教育合作协议、学生交流项目等，以便更好地利用政策优势开展研学活动。

2. 了解目的地国家或地区的基本情况

在开发出境研学旅行产品时，了解目的地国家或地区的研学发展情况是至关重要的。首先可以通过官方渠道，访问目的地国家或地区的教育部门、旅游局、文化部门等官方网站，获取关于研学旅行、教育旅游、文化旅游等方面的政策、规划及最新动态。例如，对于澳大利亚，可以访问澳大利亚教育、技能与就业部（Department of Education, Skills and Employment，简称DESE）和澳大利亚旅游局（Tourism Australia）的官方网站了解信息。关注联合国教科文组织、联合国旅游组织等国际组织发布的关于研学旅行、教育旅游的相关报告和指南。

3. 分析目的地国家或地区的研学市场现状

通过行业研究报告、市场数据平台等渠道，了解目的地研学市场的规模、增长率、主要参与者等信息。参考与研学旅游行业研究与发展相关的报告,了解全球及特定地区的研学市场概况。分析目的地现有的研学旅行产品类型,并了解各类产品的特点、适用人群及市场需求。

4. 研究目的地国家或地区的教育资源和文化旅游资源

考察目的地国家或地区的教育资源,包括知名学府、科研机构、博物馆、图书馆等,了解它们的研学项目、开放程度及合作可能性,如美国的哈佛大学、英国的牛津大学等都是全球知名的研学目的地。在文化旅游资源方面,需要了解目的地的历史遗迹、自然风光、民俗风情等旅游资源,评估其在研学旅行产品中的应用价值,如日本的京都、法国的巴黎等拥有丰富的文化旅游资源,适合开发文化研学旅行产品。

5. 评估目的地国家的风险与挑战

对目的地国家的安全形势进行全面评估,包括政治稳定性、社会治安、自然灾害等风险因素。另外,还要考虑文化差异对研学活动的影响,制定相应的文化适应和沟通策略。分析目的地研学市场的竞争格局,评估自身产品的竞争力及市场定位。

(二)出境研学旅行产品开发的要求

出境研学不仅为学生提供了一个走出国门、拓宽视野的宝贵机会,更是深化教育内涵、促进文化交流的重要桥梁。出境研学旅行产品的开发,主要是根据研学者对出境研学旅行产品和地区的需求,结合研学目的地国家或地区的研学资源的分布,综合设计出符合研学市场的研学旅行产品。出境研学旅行产品开发的具体要求如下。

1. 具有安全保障,能保证研学者在境外的人身财产安全

在研学活动中,保障研学者安全是最基本的要求。在异国他乡,研学者可能面临语言障碍、文化冲突、健康风险等多种挑战。因此,必须将安全放在首位,制定周密的安全保障措施和应急预案。

在产品开发阶段,需要对目的地的安全状况进行全面评估,包括政治稳定性、治安状况、自然灾害风险等。同时,要与专业研学服务机构建立合作关系,确保行程的每一个环节都有专业团队进行管理和指导。此外,还要为研学者购买全面的旅行保险,以应对可能发生的意外情况。在行程中,还要加强安全教育,提高研学者的安全意识和自我保护能力。

2. 文化体验为亮点,促进跨文化交流

出境研学旅行产品的魅力在于它能够让研学者亲身体验异国文化,增进对世界的了解。因此,在产品开发过程中,需要深入挖掘目的地的文化内涵,设计丰富多彩的文化体验活动。

这些活动可以包括参观博物馆、历史遗迹、民俗村落等,让研学者近距离感受目的地的历史文化和风土人情。同时,还邀请当地的专家学者举办讲座和交流,让研学者深入了解目的地的社会现状和发展趋势。此外,鼓励研学者参与目的地的节日庆典和社区活动,与当地居民进行互动和交流,增进彼此之间的了解和友谊。

3. 正常情况下能确保全面履约，发生意外情况时有应急对策

出境研学旅行产品预约属性强，一般要提前较长时间预订。研学旅行产品易受多种因素影响，任何环节或因素的变动都可能引发研学需求变化，诸如战争、政治动乱、国际关系、政府政策、经济状况、汇率变化、贸易关系及地缘文化等社会因素，以及地震、台风、海啸等自然因素，其中任何一项因素发生变化，都可能影响研学旅行产品的生产和消费。因此，在设计研学旅行产品时，应该充分考虑这些因素，确保在正常情况下能够全面履行研学合同，发生意外时有应对策略。

4. 市场适应性极为关键，满足多元化需求

出境研学旅行产品作为一种教育旅游产品，其市场适应性也是不可忽视的重要因素。在产品开发过程中，需要密切关注市场动态和消费者需求的变化，及时调整产品策略以满足市场的多元化需求。

想要提高产品的市场竞争力，就必须进行充分的市场调研和分析。通过了解目标受众的喜好和需求、竞争对手的产品特点和优势等信息，为产品设定合理的定位和价格策略。同时，注重产品的创新性和差异化发展，通过独特的课程设计和文化体验活动吸引消费者。

在营销推广方面，采用多种渠道和方式进行宣传和推广。例如，利用社交媒体平台进行线上宣传，以及组织线下推广活动和合作推广等。这些活动可以提高产品的知名度和美誉度，吸引更多的消费者关注和参与。

5. 合规性与可持续性并重，实现长远发展

在研学旅行产品开发过程中，必须确保产品符合国内外相关法律法规和政策要求，避免出现任何违法违规行为。同时，要注重产品的可持续性发展，减少对当地环境和资源的负面影响，实现经济效益与社会效益的双赢。

要实现这一目标，可采取一系列措施。例如：使用环保材料和技术推广绿色出行方式；加强与当地社区和机构的合作，促进文化交流与合作共赢；建立完善的监管机制，确保产品质量和服务水平。这些措施可以为出境研学旅行产品的长远发展奠定坚实的基础。

总之，开发一款成功的出境研学旅行产品，需要在多个维度上进行深入思考与精心策划。只有以教育性为核心、以安全性为前提、以文化体验为亮点、以市场适应性为关键，合规性与可持续性并重，才能打造出既具有教育意义又深受市场欢迎的优质产品。

二、出境研学旅行产品的开发流程

（一）市场调研与需求分析

1. 市场调研

首先需要对出境研学旅行市场进行全面的调研。这包括了解当前市场的规模、竞

案例聚焦
▼

新东方推出的 2024 年国庆新加坡 7 天 6 晚"创新 STEAM 课程+世界遗产探索"出境研学旅行产品

争格局、发展趋势及消费者需求等。通过收集和分析相关数据,可以明确产品定位和目标受众,为后续的产品开发提供有力支持。

2. 需求分析

在市场调研的基础上,进一步分析目标受众的需求和偏好。这包括了解他们对于研学旅行的期望、关注点以及愿意支付的价格等。通过深入了解目标受众的需求,可以更加精准地设计研学旅行产品内容和形式,提高产品的市场竞争力。

(二)目标设定与课程设计

1. 目标设定

根据市场调研和需求分析的结果,设定明确的教育目标。这些目标应该具有针对性和可操作性,能够指导整个产品开发过程。这些目标应当具体、可衡量,并能够直接反映研学旅行的核心价值。例如,如果目标是提升研学者的跨文化交流能力,那么课程就应当包含与不同文化背景的人交流和沟通技巧的学习。

2. 课程设计

围绕教育目标,设计科学合理的课程体系。在出境研学旅行产品的课程设置上,应当注意以下几个方面,确保课程具备科学性、教育性和吸引力。

(1)多样性与深入性。

课程内容应当丰富多样,涵盖文化、历史、科学、艺术等多个领域,以满足研学者多元化的学习需求。同时,每个领域的学习都应有足够的深度,使研学者能够真正理解和掌握相关知识,避免浅尝辄止,确保研学者能够获得实质性的学习成果。

(2)实践性与互动性。

研学旅行强调"研学"二字,即学习和研究。因此,课程设置应注重实践性,通过实地考察、动手实验、小组讨论等方式,让研学者在实践中学习和成长。同时,增强课程的互动性,鼓励研学者之间、研学者与研学旅行指导师之间的交流和合作,提升学习效果。

(3)文化敏感性与尊重。

在设置不同文化课程时,必须保持高度的文化敏感性和尊重。避免出现可能引起误解或冲突的言辞和行为,确保研学者能够以开放、包容的心态去了解和体验异国文化。同时,通过课程引导研学者学会尊重和理解不同文化的差异性和多样性。

(4)安全教育与准备。

安全是研学旅行不可忽视的重要方面。课程中应设置安全教育方面的内容,让研学者了解在异国他乡可能面临的安全风险及应对措施。同时,为研学者提供必要的准备和指导,如紧急联系方式、健康注意事项等,确保研学者在整个研学过程中始终处于安全状态。

(5)灵活性与适应性。

由于研学旅行可能受到多种不可预测因素(如天气、交通等)的影响,课程设置应具有一定的灵活性和适应性,根据实际情况对课程内容和时间进行调整,确保研学活动的顺利进行。

(6) 评估与反馈。

为了了解课程的效果和研学者的满意度,应设置合理的评估机制。通过问卷调查、小组讨论、导师评价等方式收集研学者的反馈意见,对课程进行及时的评估和改进。同时,鼓励研学者提出自己的意见和建议,以便更好地满足他们的学习需求。

(三) 目的地选择与资源整合

1. 目的地选择

根据教育目标和课程内容,选择合适的研学目的地。这需要考虑目的地的文化特色、教育资源、安全状况等多个因素。同时,还需要与当地的研学旅行企业、教育机构等建立合作关系,确保行程的顺利进行。

2. 资源整合

在进行目的地选择时,应整合各方面的资源。这些资源包括教育资源(如博物馆、历史遗迹等)、旅游资源(如酒店、交通等),以及人力资源(如导游、翻译等)。通过资源整合,为研学者提供更加全面、丰富的研学体验。例如,在日本研学线路中,选择日本科学未来馆,目的是通过参观日本科学未来馆中展示和现场演示的生物技术、超精密技术、机器人以及信息处理技术等前沿科学成果,拓宽视野;选择东京浅草寺,可以让研学者零距离感受日本文化。

(四) 安全保障与应急预案制定

1. 安全保障

出境研学旅行产品的安全保障至关重要。在产品开发过程中,需要制定详细的安全保障措施和应急预案。这包括为研学者购买全面的旅行保险、加强安全教育、提供紧急联系方式等。同时,还需要与当地的医疗机构、警察部门等建立合作关系,确保在紧急情况下能够及时得到援助。

2. 应急预案制定

针对可能发生的各种意外情况,制定详细的应急预案。这包括自然灾害、交通事故、健康问题等方面的应对措施。通过制定应急预案,可以在紧急情况下迅速响应和有效处置,确保研学者的安全和健康。

(五) 产品测试与反馈收集

1. 产品测试

在研学旅行产品开发完成后,应进行小范围的测试。通过邀请部分目标受众参与体验活动,以此了解产品的实际效果和存在的问题,为后续的优化和改进提供依据。

Note

2. 反馈收集

在测试过程中,应积极收集目标受众的反馈意见。这包括对产品内容、形式、服务等方面的评价和建议。通过收集反馈意见,能够更加准确地了解产品的优缺点和市场需求,为后续的产品改进和推广提供参考。

(六)产品优化与推广

1. 产品优化

根据测试反馈和市场变化,对研学旅行产品进行优化和改进。这包括调整课程内容、改进形式、提升服务质量等方面。通过不断优化产品,可以提高其市场竞争力并满足更多消费者的需求。

2. 产品推广

在研学旅行产品优化完成后进行市场推广。通过多种渠道和方式进行宣传和推广产品,如线上宣传(社交媒体平台、官方网站等)、线下活动(讲座、展览等)及合作推广等。通过市场推广可以提高产品的知名度和美誉度,吸引更多的消费者关注和参与。

(七)总结与持续改进

在整个研学旅行产品开发过程中不断总结经验教训并进行持续改进。这包括对产品内容、形式、服务等方面的不断优化和创新,以及对市场需求变化的敏锐洞察和及时响应。通过持续改进可以不断提升产品的品质和竞争力,为研学者提供更加优质、丰富的研学体验。

知识训练

开发出境研学旅行产品,在进行课程设计时,有哪些注意事项?

技能训练

小王是北京一家国际研学旅行企业出境研学部的计调人员,一天,他接受了北京××中学的王校长的咨询,北京××中学计划组织高二年级学生前往日本进行文化研学。

研学对象:高二年级学生(100人)。

研学天数:8天。

研学目的地:日本(东京、静冈、名古屋、奈良等)。

研学主题:科技、历史、文化、工业。

作为一名出境研学旅行计调人员,小王应如何操作? 根据以上基本信息,请你为北京××中学设计一份为期8天的日本文化研学之旅产品,包括研学主题、研学内容、产品特色、具体行程等。

任务三　出境研学计调采购业务

任务导入

贾女士等人所参加的"北极青少年科学考察极地探险之旅",是A邮轮联合全球教育协作平台××教育于暑期面向8岁以上儿童推出的极地科考研学项目。其中,××教育为A邮轮进行产品宣传和代收款,A邮轮需要按销售额给××教育支付20%的佣金。按照客户与A邮轮签署的合同约定:若A邮轮出发前取消行程,应提前60天告知客户并退还已收取的费用。

该项目以探索北极四岛为主题,包括地球板块漂移和地质运动、自然生态、生物多样性等,团期为2023年7月17日至8月7日,历时22天,交通以邮轮为主,团费不含往返中国的大交通。考察活动的主题策划、内容设计和随团指导专家、教授来自剑桥大学、帝国理工学院、赫尔辛基大学、武汉大学等知名院校。

"因为看到这个机构信誉还可以,组织这个行程的机构,和北大附小等学校也合作很多年,应该比较可靠,就报了名。"贾女士告诉记者,2月与A邮轮签订了合同,支付了两大一小共三人的32700美元船舱费(由××教育代收)以及16855元人民币的陆地酒店房型升级费(收款方为"北京A邮轮有限公司"),"当时就已经被告知舱位很紧张,第一选择的舱位已经没有位置。"

然而,令贾女士没想到的是,7月15日,临出发前仅两天,她们被告知原定行程无法进行。但当时一家三口因个人计划已于行程前到达欧洲,且未给7月17日后的行程准备充足的流动资金,被弄得措手不及。贾女士还对记者表示,"我们此前通过A邮轮预订的酒店,到店后被告知暂无预订信息。"围绕预订、退款、赔偿等一系列问题,贾女士等人询问邮轮方工作人员均未得到回复。

记者了解到,A邮轮作为探险邮轮的经营机构,通过与境外邮轮船东、当地地接社等机构对接,组成其销售的邮轮产品的上游供应链,并通过互联网平台和旅行社进行收客。各种信息显示,钱款问题是造成此次行程突然取消的直接原因。

(资料来源:《南方都市报》)

思考:以上案例行程无法进行的主要原因是什么?作为出境研学计调人员,如何避免此类问题发生?

分析:在出境研学计调工作中,应做好供应链稳定性评估,选择合格的供应商;应严格审核合同条款,特别是关于取消行程的通知期与赔偿条款,确保客户权益得到充分保障;应制定详尽的应急预案,确保快速响应客户需求。

任务重点

熟悉出境研学计调采购内容。

任务难点

国际交通服务采购的注意事项。

任务实施

出境研学计调的采购业务主要有国际交通服务采购、境外地接研学机构服务采购及出境其他服务采购等内容。

一、国际交通服务采购

（一）国际航班知识

1.航班编号

航班编号通常由航空公司的二字英文代码和阿拉伯数字组成。例如,中国国际航空公司、中国东方航空公司、中国南方航空股份有限公司的英文代码分别是 CA、MU 和 CZ。

国内航班编号是由航空公司的英文代码和四位阿拉伯数字组成。第一个数字常与执行该航班任务的航空公司起飞基地所在区域相关联;第二个数字表示航班所属航空公司的起飞基地所在区域;第三、四位数字是该航班的具体编号,第四位数字若为单数通常表示去程航班,双数则为回程航班。例如,MU5401 通常代表东方航空公司自上海飞往重庆的航班,而 MU5402 则为返程航班。

我国国际航班的航班号一般由执行该航班任务的航空公司两字代码和三位或四位阿拉伯数字组成。根据《中国民航航班号分配和使用方案》,编制国际和地区航班号时,原则上按三位数字安排,若三位数字不足,可使用四位数字,但不得与本公司国内航班号重复。其中,第一位数字通常与航线出发区域相关,后两位或后三位数字为航班序号,单数表示去程,双数表示回程。例如,中国国际航空公司的 CA925 为北京飞往东京的去程航班,CA926 则为东京飞回北京的回程航班。

2.航班起止点

依照国际惯例,在国际航空中,通常采用世界各大城市或机场英文缩写的前3个字母作为该城市的代码,表示航班或航线的起止点。例如,从北京到巴黎,即 PEK—PAR。世界各大城市和机场都有自己的代码,如果抵达的城市有两个以上的机场,在表示航班或航段起止点时,就不用城市代码而用机场代码。例如,从北京到阿联酋沙迦,即用 PEK—SHJ 表示。

Note

3.航班基本信息

出境研学旅行计调人员一定要掌握国际航班的起飞城市、经停城市、到达城市、航空公司、成人票价、儿童票价、婴儿票价、退票条件、税金等基本信息。

4.订票的有关规定

出境研学旅行的国际机票一般为回程票或联程票,正常的机票有效期为一年,但是特别值得注意的是研学团队的机票是团体票、优惠票、折扣票,因此,它没有一年的有效期,而且研学团队的机票一概不能退、不能改、不能换;在行李托运方面,航空公司会免费托运两件行李(一件行李的三边之和在158厘米以内,两件行李的三边之和不超过273厘米,每件行李的质量不超过23千克);手提行李,每人限一件。

5.国际机票的税金

购买国际机票要交税金,在各网站上所查询的只是机票费用,不包括税金。税金需在出票时一起支付。购买国际机票时出现的税金,是航空公司代目的地国家政府收取的。国际机票的税金大致分为3种:离境税、过境税、入境税。此外,个别国家还可能收取其他名目的税,如海关使用税、机场税、动植物免疫检查费等。税金通常由航空公司代目的地国家政府收取,并在出票时与机票费用一并支付给乘客。

知识拓展
▼
团队机票

（二）国际机票的采购

1.确定采购对象

首先,出境研学旅行计调人员应该通过各种渠道和方法收集国际航空公司、机票销售单位的信息资料,以及负责人的联系方式;其次,根据研学旅行企业的线路需求,了解航空公司的规定及航空公司的经济实力,主要包括国际航空公司的机票折扣、机位数量、服务态度、航班密度、改/退票的手续及费用、机票销售单位信誉度、网络便利性、付款方式、工作配合度、竞争优势、机票返利额度等信息;最后,确定多家符合研学旅行企业需求的采购对象。

2.签订合作协议

计调人员与国际航空公司或机票销售单位经过多次协商之后,确定相关事项,然后双方签订正式的合作协议书,明确双方的合作关系及约定并备案。

3.整理相关资料

出境研学旅行计调部门需收集整理国际航空公司的航班时刻、票价信息、票务规则及相关政策文件,同时汇总机票销售合作单位的资质信息与联系方式,形成标准化资料库。随后,将上述资料分发给社内产品部、操作部、财务部等相关部门,并在部门档案系统中完成备案存档。同时,根据航空公司的相关要求,编制订票所需的表单,如订票身份证信息确认单、机票变更/取消单等。

4.实施订票、购票业务

计调人员根据接待计划和合作协议书的相关要求选择机票销售单位,向机票销售单位提出订票需求,航空公司在约定的时间内出票,计调人员在约定的时间内取票。

5. 报账结算

出境计调人员根据机构的规定及合作协议书的要求,将订票明细账及返利情况上报财务部门,财务部门审核无误后,根据约定付款时间及方式办理结算事宜。

二、境外地接研学机构服务采购

(一)境外地接研学机构的选择标准

1. 资质要求

各出境研学旅行组团社要选择文化和旅游部推荐的有合法资质的研学旅行企业为境外地接研学机构。与境外地接研学机构签订合作协议,建立直接业务关系,并将境外地接研学机构的相关信息报省文旅厅行业管理处和质量监督管理所备案。应将出境研学团队直接交给签订合作协议的境外地接研学机构接待。出境研学散客原则上应通过省内组团社互为代理的关系拼团出境。如需通过第三方转手拼团,必须以书面形式征得研学者的同意。

2. 信誉良好

境外地接研学机构需依据与组团社签订的合作协议,严格遵循双方约定的接待标准及组团社制定的研学旅行接待计划,为研学者提供服务。该类机构不得以任何理由拒绝履行协议,或偏离约定的接待标准。若因特殊情形导致无法执行接待计划中规定的活动内容,境外地接研学机构须及时告知组团社,在获得组团社同意后,方可调整原接待计划。

3. 较强的接待能力

境外地接研学机构必须具有较强的接待能力,能够采购到组团社委托其采购的各项研学旅行服务,并提供优质的服务。

4. 真诚的合作愿望

境外地接研学机构必须具有与组团社真诚合作的愿望,积极主动地配合组团社履行与研学者签订的研学旅行合同。

5. 收费合理

境外地接研学机构的收费不能过高,不能超过研学者和组团社的承受能力。境外地接研学机构不能以各种借口违反事先达成的协议,侵害研学者和组团社的合法利益。

(二)境外地接研学机构的采购

1. 确定采购对象

出境研学旅行计调人员根据机构经营计划,调查、收集境外地接研学机构的相关信息资料,经过初步筛选后,对基本符合机构要求的境外地接研学机构进行考察,重点考察接待质量和信誉等,考察后进行综合比较和评价,与符合机构要求的境外地接研学机构联系,初步协商合作事宜。

2.签订合作协议

出境研学旅行计调人员根据协商的结果,拟定合作协议书,与境外地接研学机构负责人谈判,协商具体的合作事宜,并签订双方认可的合作协议书。

3.整理相关资料

出境研学旅行计调人员将签署的合作协议书进行编号、存档,并报送相关部门备案,将相关资料及规定列表分发给机构相关部门。

4.落实游览工作

出境研学旅行计调人员需依据研学者的具体需求,精心策划境外异地接待服务采购方案。在方案制定过程中,需全面考虑行程安排、资源调配及服务质量,确保研学活动的顺利进行。随后,计调人员应将发团人数、出发时间、研学主题及特殊要求等详细信息,准确传达给境外地接研学机构,并邀请其提供报价及服务方案。

在收到境外地接研学机构的报价及确认信息后,计调人员需根据接待计划中的发团日期,对相关资料进行系统整理与排序存档,以便后续跟踪与管理。同时,为确保接待工作的顺畅衔接,计调人员还需将境外接待机构的联系人姓名、联系方式等关键信息,及时转告给接待部门,以便双方建立有效沟通渠道,共同保障研学旅行的圆满成功。

5.报账结算

出境研学旅行计调人员根据机构的财务规定和合作协议书的相关规定,及时将该团费用明细报财务部门,财务部门根据合作协议书审核无误后与地接研学机构办理结算事宜。

三、出境其他服务采购

出境研学旅行计调人员的采购业务除了上述的各种必须采购的研学旅行服务外,还有其他服务的采购,如代办护照签证服务等的采购。

出境研学旅行计调人员在工作中,可能会涉及为研学团队办理护照或签证服务。实际操作中,研学团队多自行办理护照,而签证则通常由研学机构代为办理。办理签证时需要根据所到目的地国的签证要求,让研学团队提供相关资料,然后进行办理。

知识训练

出境研学计调采购包括哪些方面的服务?

技能训练

为进一步帮助学生开阔国际视野、增进国际交流、丰富暑假生活、提升英语沟通能力,郑州市××高级中学的24名学生计划前往美国参加为期两周的"美国西海岸深度探索营"活动,第一站为斯坦福大学。

作为研学旅行计调人员,为做好该团队的机票采购,请你进行相关航班的查询,将查询结果填入下表。

航班信息统计

序号	出发地机场—目的地机场名称	航班号	出发时间	到达时间	飞行时间	机票价格	机建燃油费

任务四　出境研学旅行产品报价

任务导入

2024年3月5日,一家研学旅行机构计调人员小张接到某中学李老师的电话:他们计划组织全年段300人前往韩国研学旅行7天。请研学旅行机构设计一条7日韩国研学旅行线路,并报价。小张经过多次与李老师协商,为他们进行了韩国首尔7日研学旅行课程设计,双方确认行程之后,小张开始向首尔地接社询价,向国际航空公司询问机票折扣,在确认境外地接社报价和机票折扣后,小张马上向李老师报价6588元/人,其中包含签证费、机票费、境外接待费等费用,至于小费问题双方都没有提。李老师认同此价格,约定3月25日到机构签订出境研学旅行合同并交付全部团款。

3月25日,李老师来签合同,小张告诉李老师,在韩国境内个别地方需要支付小费,报价中没含小费,要求每位学生多交7天的小费10元/天,共70元/人。李老师认为报价就包含了小费,拒绝支付此费用。不管小张怎么解释,李老师都认为该研学旅行机构没有信誉,报价存在欺诈行为,于是放弃了与这家研学旅行机构合作。

思考:小张在给李老师报价中存在哪些问题?今后应该吸取哪些教训?

分析:小张在给李老师报价时没有详细说明报价包含的项目和不含的项目。特别是对是否包含小费双方都没有提及,小张认为不含小费是行规,李老师认为报价中包含了7天的小费。于是双方对小费就产生了分歧,导致该学校放弃了与这家研学旅行机构合作。

出境研学旅行报价包含的项目比较多,计调人员在向客户报价时,务必清晰、详尽地说明报价所包含的具体项目以及不包含的项目,还要明确告知是否包含自费项目。若未做到这些,很容易因费用问题引发不必要的纠纷,进而导致企业信誉受损以及客户流失。

🔵 任务重点

明确出境研学旅行产品价格构成、计价和报价方法。熟悉研学旅行出境产品报价流程并能运用。

🔵 任务重点

掌握出境研学旅行产品报价流程,能够独立地为旅游者报价。

🔵 任务实施

一、出境研学旅行产品构成

研学旅行是一种走出校门,以"游"为载体,开展研究性学习的校外实践活动,作为一种新的教学新业态,出境研学旅行势必会成为一种必然的趋势。

(一)出境研学旅行产品

1. 概念

教育部2014年7月14日发布《中小学学生赴境外研学旅行活动指南(试行)》提出,中小学学生赴境外研学旅行活动是指根据中小学学生的特点和教育教学需要,在学期中或者假期以集体旅行和集中住宿方式,组织中小学学生到境外学习语言和其他短期课程、开展文艺演出和交流比赛、访问友好学校、参加夏(冬)令营等开阔学生视野、有益学生成长的活动。出境研学旅行是指一个国家的研学旅行者到境外进行的研学旅行活动。出境研学旅行产品是由研学旅行机构提供的,以满足研学者在参加出境研学旅行活动中所消费的全部有形的物质和无形的服务的总和。

2. 特点

(1)综合性。

与国内研学旅行一样,出境研学旅行活动也是一种综合性的社会文化经济活动,既要满足研学者参加研学旅行全过程的物质需要,也要满足他们开展研究性学习和体验方面的需求。国际研学旅行产品除了要满足与国内研学旅行活动一样的多样性需求之外,还需考虑跨境文化的差异和民族习俗的不同,因此,不同国家的研学旅行产品构成要素各异,研学旅行消费需求也不尽相同。地接社必须针对不同国家和地区的研学者,有针对性地对各项研学旅行产品要素进行组合,以满足不同国家和地区研学者的需求。

(2)动态性。

国际研学旅行包含了研学者从离开居住地开始到异国他乡参加研学旅行活动后又回到国内的全过程。这一过程经历时间长,接触环境复杂。与国内研学旅行产品相比,国际研学旅行产品在内容、组合形式、服务质量等方面存在着更大的动态变化。一方面表现为研学旅行国际消费者需求的变动性;另一方面表现为提供的研学旅行课程和服务在接待的各环节中保证配合衔接好,才能给研学者良好的经历和体验。

(3)跨国性。

国际研学旅行产品是一种特殊的"外贸产品",发生在不同的国家之间,涉及的主体包括跨国研学旅行机构、海关、国际组织、异国政府及个人等。任何国家的研学旅行产品都只是国际研学旅行市场中的一部分,都必须参与国际研学旅行市场的竞争,只有这样才能真正在国际市场中实现研学旅行产品的价值。这使得国际研学旅行产品的规则和标准更加复杂和多样化。因此,国际研学旅行产品的营销不但要关注国际研学旅行市场的供求变化,而且要考虑世界政治经济变化、国际汇率变动及国际研学市场竞争等各种因素的影响。

知识拓展

《中小学学生赴境外研学旅行活动指南(试行)》

第三条　境外研学旅行应当以加强国际理解教育,推动跨文化交流,增进学生对不同国家、不同文化的认识和理解为目的,有利于促进中小学的对外交流与合作,丰富中小学的课程内容和社会实践,增进与国外中小学学生的交流和友谊。

(4)脆弱性。

出境研学旅行产品易受各种因素的影响而产生变动,风险较大且脆弱。一是出境研学旅行产品同样包含了食、住、行、课等多种要素,各要素之间需要相互协调配合,一旦失调,会直接影响出境研学旅行产品价值的实现;二是作为一种国际"外贸产品",其消费特点是吸引异国研学者前来消费,因此会受国际市场竞争情况、国际政治经济形势变化以及汇率波动等因素的影响;三是出境研学旅行涉及跨国行程,距离较远,行程中可能会遭遇各种自然灾害、气候变化、环境污染、生态恶化以及疾病流行等不可预见因素,这些因素会直接或间接地影响国际研学旅行产品的销售及其价值的实现。

(二)出境研学旅行产品价格

1.概念

出境研学旅行产品价格是由研学旅行机构提供的,以满足研学者在参加出境研学旅行活动中所消费的全部有形的物质和无形的服务所产生的所有费用。

2. 构成

（1）研学旅行课程资源费用。

研学旅行课程资源的本质在于具有吸引研学者。由于出境研学旅行产品的消费对象主要是国际研学者，因此并非有了研学旅行课程资源就能形成出境研学旅行产品，关键在于资源的特色、价值等是否具有国际吸引力，是否能通过开发而吸引大量的出境研学者。因此，研学旅行目的地国家或地区必须根据不同研学旅行资源的品位和特点，开发组合成各种课程产品，以满足出境研学旅行的多方面需求，吸引更多的国际研学者。

（2）研学旅行课程设施费用。

研学旅行课程设施是实现研学旅行活动而必须具备的各种设施、设备和相关的物质条件，也是构成研学旅行产品的必备要素。在出境研学旅行接待中，研学旅行课程设施是十分重要的，其不仅直接为研学者提供各种物质产品和服务，还是吸引研学者的重要因素，尤其是基础设施的状况和水平，直接影响国际研学旅行的通达性和便捷性，是经营国际研学旅行业务必不可少的基础条件。

（3）研学旅行服务费用。

研学旅行服务是出境研学旅行产品的核心，研学旅行经营者主要提供各种各样的住宿接待、课程指导等服务。在出境研学旅行中，大多数研学者对研学旅行服务水平和质量的要求较高。因此，作为出境研学旅行产品核心内容的研学旅行服务，必须是高水平、高质量并与国际需求相适应的。这就要求目的地国家或地区必须根据研学者的需求，在服务内容、服务观念、服务态度、服务项目、服务价格、服务技术等方面，严格遵循国际研学旅行的通行原则，不断提高服务质量和水平，真正为国际研学者提供方便快捷、优质高效的服务。

（4）研学旅行便捷性费用。

出境研学旅行便捷性是出境研学旅行产品构成中的基本因素之一，它不仅是连接各国研学旅行产品各组成部分的纽带，更是研学旅行产品能够成功组合的前提条件。出境研学旅行便捷性具体体现在进入研学旅行目的地的难易程度和时效标准上。在出境研学旅行产品中，便捷性的程度和水平对国际研学旅行产品的吸引力和竞争力具有重要影响。研学旅行便捷性的具体内容主要包括：便利的交通条件，如交通工具和交通方式的选择，各地之间衔接的便捷程度等；方便的出入境签证手续、出入境验关程序，以及高效的服务和丰富的咨询信息；良好的社会治安状况、通信条件和交通运输管理等。

（5）增值利益费用。

增值利益虽然不是研学旅行产品的主要内容，但研学者在参与过程中购买的是整体研学旅行产品，因此在基本功能满足研学旅行消费需求之后，增值利益往往成为研学者对研学旅行产品做出购买决策和进行消费评价的重要因素。研学旅行机构在进行国际研学旅行产品营销时，除了注意突出研学旅行产品核心部分和形式部分的特色,还非常重视提供一些增值利益,以获得市场竞争的优势,吸引和招徕更多的国际研学者。

3.影响因素

(1)国际宏观经济。

出境研学旅行的发展与兴起与一个国家的经济发展水平密切相关,经济增长是推动出境研学旅行发展的最大驱动力。中国经济稳定增长意味着人们的收入水平提高,消费能力增强,从而推动出境研学旅行需求的增长。然而,宏观经济环境的不确定性,如国家政策调整、国际关系紧张、自然灾害、事故灾难以及公共卫生事件等,均存在诸多未知因素,对出境研学旅行产生重大影响。这种不确定性会导致研学者对研学旅行目的地的信心下降,研学旅行相关行业的投资意愿减弱,从而产生不利影响。因此,稳定的宏观经济环境和政策对出境研学旅行的发展至关重要,货币政策的灵活性和稳定性能够激发研学者的出境研学旅行消费意愿,不确定性的减少有助于提高研学者的信心和相关企业的投资热情。政府和研学旅行行业需要密切关注宏观经济环境的变化,制定相应的政策和策略,以促进出境研学旅行的可持续发展。

(2)汇率变化。

汇率的变化是影响出境研学旅行的一个重要的经济因素。人民币升值对我国公民出境产生明显的推动作用,人民币的坚挺在心理上强化了研学者的研学意识,增强了他们的自信心。其一,汇率变动对出境研学旅行价格产生影响,使得研学者的选择产生了变化。其二,汇率变动会影响研学旅行市场的竞争力和投资热度。

(3)国家政策因素。

国家政策的制定和实施对出境研学旅行市场发展产生了积极影响。我国政府近年来出台了一系列鼓励研学产业发展的政策,包括采取措施扩大国际研学市场、优化研学旅行产品结构、完善研学营销体系等,这些政策的制定和实施,为我国出境研学旅行市场的发展提供了重要的政策保障。

行业观察

读行北欧　都江堰市光亚学校学子赴欧洲开启国际研学之旅

为加深文化交流,让学生开阔视野、感受异国风情,12月21日,都江堰市光亚学校中学部研学团队的15名同学飞越亚欧大陆,顺利抵达芬兰赫尔辛基,开启了一段美好而难忘的国际研学之旅。

研学第一天,同学们来到赫尔辛基。冬日的赫尔辛基充满了圣诞的氛围,灯火通明的餐厅、热闹非凡的酒吧、活力四射的露天市集,无一不彰显着这座城市的魅力。行走在这个城市,同学们感受到了芬兰人的内心平和。

研学第二天,同学们走进诺贝尔的故乡、诺贝尔奖的诞生之地——斯德哥尔摩。漫步于老城最具格调的大广场和商业街,参观有700多年历史的古老建筑、瑞典老式别墅、老城区公寓住宅区、保留着中世纪城市特色的皇宫、大教堂……厚重的历史气息扑面而来。

　　研学第三天,同学们告别美丽的瑞典,朝向它的邻国——挪威而去。在途中,导游讲解了许多欧洲地区的地理知识、各个国家的历史背景与渊源,以及欧洲各国的人种起源,同学们深感大开眼界,学习甚多。

　　经过这一趟旅行,同学们把以前从书本上学习的欧洲方面的知识,与每天的切实感受完美地结合在一起。研学期间,同学们努力克服语言障碍,学习知识、开拓视野、提升素养和交际能力,展现光亚学子的良好精神风貌和卓越风姿。

　　(资料来源:中国网,2023-12-25)

　　(4)教育程度因素。

　　受教育程度的高低与出境研学旅行之间有着密切的联系。受教育程度越高,整个国家人口的素质越高,国民不再仅仅满足于国内的求知需求,而是更加渴望了解他国或地区的文化特色,从而激发居民出境探知的内在动力。文化的差异性将成为出境研学旅行最为强劲的动力。随着国民受教育水平的不断提高,对于异域文化的陌生感逐渐降低,理解和接纳能力也随之增强。受教育程度越高,人们对差异性文化的兴趣就越浓厚,越渴望走出国门,亲身感受异域文化的独特魅力,对外出求学的需求也愈发强烈。

　　(5)研学旅行服务因素。

　　与境内研学旅行不同,出境研学者不仅仅要克服目的地国家或地区研学资源环境与距离带来的差异,还要克服目的地国家或地区社会经济、民族文化、语言文字等所产生的差异化。作为连接出境研学者与目的地国家或地区的桥梁,出境研学旅行机构在促进出境研学者与目的地国家或地区沟通方面发挥着重要作用,其服务的好坏直接影响出境研学者的舒适度和教育体验。

二、出境研学旅行产品报价流程

出境研学旅行产品报价流程图如图4-1所示。

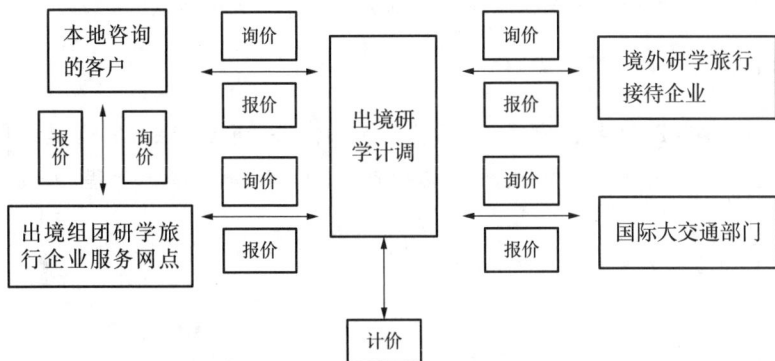

图4-1　出境研学旅行产品报价流程图

（一）确定研学旅行产品

1. 散客或者同业服务网点

每家出境研学旅行企业都有多款已向市场公开推出的成熟的出境研学旅行产品，在接受中小学、代理服务网点及各在线平台咨询时，出境研学旅行计调人员一般会推荐这些已经设计好的研学旅行产品，详细介绍产品的特色、亮点、构成及价格等信息，让客户能选到满意的研学旅行产品。

2. 独立成团

如果客户希望独立成团，计调人员可以先推荐已设计好的现有的出境研学旅行产品，若客户对现有产品感到满意，则无须重新设计；若客户未能找到满意的产品，计调人员则需根据客户提出的具体要求，重新设计出境研学旅行产品。

（二）进行合理计价和报价

1. 向合作单位询价

计调人员向境外研学接待企业和国际大交通部门询价，填写询价单进行询价。

2. 出境研学计调进行内部计价

研学旅行产品成本通常包括境外研学旅行企业报价、国际交通费、领队费、市内接送费、保险费、签证费等。

3. 出境研学旅行企业向本企业服务网点或向来专线咨询的客户报价

出境研学旅行企业向本企业服务网点或向来专线咨询的客户报价通常为专线计价与利润之和。

4. 出境研学旅行服务网点向门市客户报价

出境研学旅行服务网点向门市客户报价通常为门市计价与利润之和。

> **知识训练**

出境研学旅行产品与境内研学旅行产品相比，有什么不同点？

> **技能训练**

某旅行社推出 2024 年国庆新加坡 7 天 6 晚"创新 STEAM 课程＋世界遗产探索"出境研学旅行产品，现需要制定该研学旅行产品的 7 天研学旅行行程，校方提供信息如下。

对象：高中二年级学生。

人数：100 人。

住宿标准：标间。

用餐标准：早餐 30 元/人，正餐 80 元/人。

要求:以小组为单位,结合学生年龄段特点,设计一个符合校方要求的行程,并根据所包含的课程项目,核算课程的价格。

任务五　出境研学计调操作流程

任务导入

某研学旅行企业为了吸引客户,推出了一项赴欧洲研学的旅游产品,并承诺提供包括签证办理、交通安排、住宿预订、课程学习及文化体验在内的全方位服务。张先生是一名学生家长,对这项产品非常感兴趣,并决定为孩子报名。通过沟通,计调人员与张先生签订了正式的出境研学合同,并口头承诺了包括签证办理在内的各项服务内容和标准。然而,由于某些原因,张先生的孩子未能通过签证审核,无法正常出行。由于相关服务内容和标准仅通过口头承诺,并未明确写入书面合同,张先生在与该研学旅行企业沟通解决此事时遭遇了重重困难,双方就服务标准问题产生了严重分歧。

思考:本案例中计调人员的操作存在什么问题?

分析:计调人员除了要考虑境外研学活动,还要考虑出入境相关的法律法规、签证政策、航班动态、保险配置、目的地安全状况、紧急联络方式以及语言沟通障碍等诸多细节,确保行程既充实丰富,又让参与者安全无忧。

任务重点

掌握研学旅行出境计调操作流程。

任务难点

灵活处理常规问题和突发事件。

任务实施

一、研学前计调工作

(一)接受咨询

出境组团社计调人员在接听服务网点或客户来电时,首先要问清楚客户的研学目的地,也就是他们计划前往的国家或地区。在此过程中,计调人员一定要做好咨询记录,全面了解客户的基本情况和具体需求,包括但不限于客户是散客还是团队形式、期望的出团时间、往返交通方式、住宿标准、主要研学景点以及任何特殊要求等。计调人员应认真记录与客户沟通的要点,妥善保存来电客户的联系方式。为了减少和避免工作中的失误,计调人员应该对客户提出的要求进行重复确认,确保信息准确无误。

(二)确定线路和价格

1. 确定线路

(1)推荐旅行社已有的经典出境研学旅行产品。

各旅行社都有多种面向市场推广的经典出境研学旅行产品。出境组团计调人员应详细介绍产品的核心特色、亮点优势、报价体系及价格构成等,根据客户的需要,帮助他们选择满意的线路。

(2)根据客户的需求重新设计研学线路。

如果客户需要独立成团,出境组团社计调人员应按照客户需求对研学线路进行修订或重新设计。通过多次沟通收集反馈,优化方案直至符合客户期望。随后以双方确认的最终行程为基础,开展询价与报价工作。

2. 确定价格

(1)向各家境外地接社和国际航空公司询价。

在团队送签之前,出境组团社计调人员将最终行程发至各家境外地接社和国际航空公司询价。询价时,应明确注明人数、出发日期、详细行程及内容标准,如酒店星级(三星或四星)、餐饮标准(中式午餐和晚餐,含五菜一汤及饭后水果)、研学旅游指导师、安全员、豪华研学大巴车、常规景点门票、国际航班保险、签证、特殊服务项目等各项要求。

询价时必须认真填写询价单,并将其作为最终报价的依据。只有在完成询价流程后,才能进行报价。为确保获得最合理的价位,每个团队都应向两家或以上的地接社进行询价。此外,在询价过程中,还需特别考虑签证邀请的相关问题,因为所有境外地接社通常都是在收到确认后才会发出签证邀请。旅行社计调部询价单如表4-2所示。

表4-2　旅行社计调部询价单

To	旅行社	From	旅行社
联系电话		联系电话	
邮　　箱		邮　　箱	

今有我社21人团队于××××年2月12—25日参加美国14日行程。2月12日从上海飞往纽约,24日从洛杉矶返回,25日到达上海。游览城市有纽约、华盛顿、夏威夷、拉斯维加斯、洛杉矶,美国境内全程要求入住五星级酒店,用车要求为25座大巴1辆,配备1名优秀的研学旅游指导师及1名经验丰富的驾驶员,全程含餐,请尽快根据该行程做出报价,谢谢。

询价方式		开始询价时间	
		接到报价时间	

（2）出境组团社内部计价。

出境组团社在收到境外地接社和航空公司的报价后,需将地接社报价、国际往返机票费用、领队分摊费等各项成本相加,得出出境组团社的总成本。

（3）向各服务网点和消费者报价。

出境组团社在总成本的基础上加上一定的利润后,向各服务网点报价,各服务网点则在此基础上加上自身利润,再向客户报价。报价单需详细填写,并附上行程安排,以便客户全面了解研学旅行的内容与费用。

（三）签订出境研学前期服务合同

针对签证办理存在一定不确定性的目的地,如某些欧洲国家,有时即便研学者支付了签证费用,仍可能因签证未获批准而无法出行研学。为规避因签订正式合同后却无法成行的风险,建议在办理签证前,先与研学者签订一份出境研学前期服务合同。

👓 知识拓展

出境拒签的主要原因

提供的信息存在作假行为:申请签证时,必须保证提供的材料信息真实无误。如果存在作假或隐瞒信息,很可能会导致签证申请被拒。

签证材料没有准备齐全:每个国家对签证申请所需材料都有明确规定。如果材料不齐全,签证官可能会要求补齐材料,或者直接拒签。

电话(面谈)调查表现不佳:在进行电话调查时,如果申请人的回答吞吞吐吐、紧张或表达不清,可能会影响签证通过率。因此,在与签证官沟通时要表达流畅、自信。

曾经被拒签过:如果申请人曾经被拒签过,再次申请时需要准备好如何回答签证官关于上一次被拒签的原因,以避免再次被拒。

（四）确定团名和团号

1. 团名

团名即研学团的名称,一般由"国家＋地区(省或城市)＋线路名称"组成,用中文表示。如"欧洲免签4国奔赴山海13日研学"等。

2. 团号

出境研学旅行团团号可以由"主要游览城市的航空代码＋总行程天数＋交通方式代码＋出团月日＋团队序号"组成。其中游览城市有多个时,可以选择代表性城市的航空代码首字母组成目的地代码,如游览泰国一地,用"BKK"(曼谷)表示;游览新加坡(SIN)、马来西亚(KUL)、泰国(BKK)三地,可以简写为"SKB"。例如,西安某旅行社组织的1月8日出发的新加坡—马来西亚—泰国11日双飞研学团队(首团),其编号为

知识拓展
▼
旅行社报价单

"SKB112F0108A"。

（五）预报计划

编制团号之后开始向境外地接社预报计划。预报计划的目的是使境外地接社将此团列入该地接社的接待计划,尽早预订酒店、车辆等。预报计划的内容应该包括团号、研学团的准确人数、团队抵/离时间及交通工具、行程、食宿标准及其他要求等。

（六）预订机位

预报计划之后就向国际航空公司预订机位。务必清楚航班时间和行程,并且提前预订、提交名单。预订机位需确认团队出发日期,并计算好签证所需的时间,以便准备送签。

（七）审核送签

1.审核资料

收到研学者资料后,计调人员对研学者资料进行详细审核。由于各个国家和地区所需资料不同,因此需要根据研学者所选目的地进行一一核对,主要审核资料的完整性和有效性。

一是确认正确详细的团队行程和名单。

二是审核证件。因为每个国家办理签证的要求不一样,所以在检查护照时,主要关注护照是否在有效期内,除个别国家外,大部分国家要求从出发之日要有6个月以上的有效期。港澳通行证要求返回之日在有效期内即可。

三是审核签证。如果研学者自备签证参团研学,需确认签证是否有效;若无签证,则需填写申请签证个人资料表。审核完资料后,如果发现问题,应立即与研学者取得联系。及时将团队资料进行分类,建立团队文件包,贴上标签,注明线路和出团日期,在团队文件包中还应附有准确的行程表、团队名单等。

2.送签

报名结束后,计调人员应按照目的地国家和地区的签证要求,收集研学者的签证资料,并严格预审,尽量避免拒签。不同的国家和地区对证件的要求是不一样的。前往韩国及东南亚国家,资料要求相对简单,要提供护照和照片;前往亚洲其他国家如日本,以及欧洲、大洋洲、美洲的一些国家,也需护照和其他相应资料,但要求相对较多且严格,且需保证所需证件在有效期内。例如,同是落地签,巴厘岛、马尔代夫等地,需要研学者在报名时提交护照中有照片的那一页的复印件(可通过电子邮件或其他电子方式发送),以便旅行社或地接社预订机票并安排相关行程,而对于新加坡,虽然享有免签入境的便利,但团队游客仍需通过指定的旅行社进行预先安排,包括提交团队名单和占位单等,以确保顺利办理入境手续。

计调人员根据研学者计划前往的国家和地区,估算准备签证资料及办理签证所需要的时间,从而确定研学者适合参加哪个时间段的研学旅行团。例如,东南亚国家签证大约需要3个工作日,日本签证大约需要5个工作日,欧洲申根签证大约需要10个工作日。签证签出以后,签证部要核对名单、签证有效期、签证生效期。申请签证个人资料表如表4-3所示。

表4-3 申请签证个人资料表

姓名		曾用名	
出生日期		身份证号	
出生地		国籍	
性别		婚姻状况	
护照号码		护照签发日	
月收入		护照有效期	
任职部门		职务	
办公电话		手机号码	
在职时间		邮政编码	
家庭住址		家庭电话	
工作单位		单位地址	
单位负责人		负责人职务	
邀请公司名称		邀请地址	
邀请公司联系人		联系人电话	

是否有同行人员,如有请注明并说明关系:

是否有过该国签证记录:
是否有过该国拒签记录:

最近一次申请该国签证的类型:
最近一次去该国及离开时期: 年 月 日至 年 月 日

此次出国的目的地城市:
去和回的大概时间:

家庭情况

配偶姓名		出生日期	
单位名称			
职务		单位电话	
子女姓名1		出生日期	
子女姓名2		出生日期	

父母情况(父母姓名必须填写,包括已故)

父亲姓名		出生日期	

续表

母亲姓名		出生日期	

备注:

以上资料用于协助您申请签证,请如实填写(电话号码前请标注区号)。填写工整、清晰,并请注意签证申请表中的内容要与签证资料一致,如职务、出行日期、停留日期等。

本人声明:以上所填内容完全属实,否则本人接受被取消申请资格并由本人承担造成的所有风险和损失!

申请日期:	年　月　日	申请人签名	

(八)签合同收全款

签证成功之后,必须签订出境研学合同。根据出境研学合同的要求,填写相关项目,并且要将合同的内容告知研学者,然后收齐全款,上交财务部门。

(九)境外地接社书面确认

计调人员一定要督促境外地接社在最短的时间内(8~24小时)以书面形式确认。确认内容重点包括境外机票(车票或船票)、住宿安排、交通方式及费用结算等事宜。

(十)发出正式计划

前期预报计划经过变更与确认后,计调人员应该在团队到达境外第一站前的10~15天,将正式计划发至境外地接社。正式计划内容包括发团确认书,团队行程安排,各项服务的标准及特殊要求,团队研学者资料(姓名、性别、年龄、身份证号或护照及签证号码等),地接社名称、联系人及联系电话,研学团委托协议书等。正式计划应用正式文件格式打印,并加盖旅行社公章,每地寄出两份以上。此计划既是接团计划,也是结算收款的依据,务必确保准确无误。正式计划发出以后,应避免大的变更。发计划时应附上回执,以便对方寄回确认收到无误。

(十一)出机票

团队出发前,计调人员应再次核对团队名单后出机票。出票后仔细检查机票,确保机票与行程安排相符、研学者姓名准确无误。如有错漏,马上更改。同时,团队出发前,需要将团队名单、行程盖章之后提交给保险公司,为研学者购买保险。

(十二)委派出境研学领队

出境研学必须委派出境研学领队。作为境内组团社的代表和团队利益的代言人,出境研学领队对组团社圆满履行研学合同、提高研学者舒适度和满意度、维护研学者生命财产安全起着极其重要的作用。计调人员要根据研学者的情况选派出境研学领队全程陪同。派遣海外领队,需要提前10天安排,并在第一时间通知领队,以便其做好相应的准备工作。同时,需要将发团的研学行程、人数、时间、注意事项等具体要求,以出团计划单的形式发给海外领队,并提醒出境研学领队携带各项证件资料,协助海外领队处理带团过程中的各项事宜。

（十三）召开行前说明会

在办理好出国护照、签证和机票后，旅行社为了通报出国研学的有关情况并了解研学者的特殊要求，会适时召开行前说明会。时间通常安排在出发前1～2天，需2～4小时。行前说明会一般在旅行社召开，有时也在研学者较集中的单位召开。为了表示旅行社对这次会议的重视，通常都会有旅行社经理出席。出境研学领队是行前说明会的主角，应代表组团社向研学者介绍行程、回答提问。行前说明会应做好以下工作。

1. 介绍整体安排

旅行社经理介绍出境研学领队及团队总的行程安排及重要的注意事项，感谢研学者对本旅行社的信任，表明旅行社热忱服务的态度。

2. 领队致欢迎词

欢迎词的主要内容包括对研学者表示欢迎和感谢、自我介绍、表达自己真诚服务的愿望、预祝研学者旅途顺利等。

3. 行程说明

向研学团发放行程表，按行程表内容逐一介绍目的地国家（地区）的基本情况、特殊的法律制度、礼节礼貌和风俗习惯，可穿插播放介绍研学目的地国家（地区）概况的视频，同时，说明哪些属于自费项目，告知所经城市及集合时间和地点。

4. 落实有关事项

在说明会上应落实的事项包括住宿、国内段返程机票是否已订或交款、是否有单项服务等特殊要求，登记好研学者的特殊要求。

5. 说明有关注意事项

要求研学者注意统一活动，强化时间观念及相互之间的团结友爱。提醒研学者带好相关物品，如有效证件（身份证、护照、通行证等）、适合当地气候特点的衣物、太阳镜、雨具、洗漱用品、常用药品、充电器等。同时，提醒每人可带的现金数量。

为了让研学者切实做好出发前的准备工作，避免在境外出现研学事故，建议出境研学领队将出境说明事项的主要内容打印成书面文件分发给每一位研学者，尤其要将海外自费项目价格、外汇兑换方式及兑换率、研学者饮食及穿着提醒、研学者安全注意事项等内容罗列其中，便于研学者掌握。

（十四）最终确认付款

出发前24小时内与境外地接社核对计划，要求对方最终确认，向对方催要结算单。确认团队质量无异议，经财务部审核，总经理批准，将团款汇入境外地接社账户。

（十五）发出团通知书

根据最终落实的团队情况向海外领队派发出团通知书。给研学者的出团通知书中应包含团队行程、出发时间和地点、紧急联系人姓名、电话、注意事项等信息。

二、研学中工作流程

（一）发团

出境组团社通过以上各项准备工作之后，就可以把研学团队交由境外地接社负责接待。

（二）研学中监督

出境组团社发团之后，当团队处于境外运行中时，计调人员通过对地接社的监督，督促对方签订研学合同。团队出发之后，计调人员要随时监控团队的异地运行情况，监控服务内容如下。

（1）监督境外地接社的接待情况。

计调人员在研学团队出发后应该履行监督职责，重点关注境外地接社的接待质量，具体监督方式可依据出境组团社派出的领队反馈或研学者的直接信息来实施，一旦发现问题，需立即采取措施予以纠正，以消除各类潜在隐患。

（2）监督研学旅游指导师的工作情况。

计调人员在团队出发后，应该要求领队定期向出境组团社汇报团队的情况，同时还要向境外地接社了解研学旅游指导师在工作中是否认真履行自己的职责。

（3）监督研学团队活动情况。

计调人员在团队出发后应该向领队、研学旅游指导师、境外地接社了解研学者游览的情况，第一时间发现问题，并及时与境外地接社协商解决，保证行程顺利。对违规研学者应收集证据，为以后处理问题留下依据。

（三）送团

团队顺利结束境外行程返回本地后，计调人员应与领队一起做好送团工作。主动征求研学者的意见，让研学者愉快地结束整个研学行程。

三、研学后续工作

（一）报账登账

团队回国后，计调人员根据境外地接社账单、导游报账单、机票订单存底及签证数量，核算实际成本。完成成本单后交由销售人员本人签字，再由计调人员签字后报财务核算成本。计调人员针对地接社和导游的余款账单制作支出单，随后提交给部门领导进行审核并签字，再将支出单依次交由财务人员和总经理签字，将支出单交给财务部门，准备付款。报账之后，计调人员应及时将涉及该团的协议单位的相关款项准确录入团队费用往来明细表中，以便核对。

案例聚焦
▼
北京研学
企业违约
被判赔偿

Note

（二）归档总结

行程结束后,计调人员要将所有操作单据复印留档,作为已操作完毕团队的资料进行归档。同时,对参团研学者进行回访,建立客户档案。团队回国后,叮嘱接团人员将所有资料装入专门的信封或资料袋,并标注团队名称,存入档案库。此外,还需在计算机中建立团队档案。研学结束后,要跟踪团队反馈,记录团队历史记录中的重要信息,以便日后核对。

（三）调整产品

计调人员应根据销售情况、出团量、团队质量对研学旅行产品进行适当调整。对于销售良好的研学旅行产品,可适当增加出团计划;对于销售欠佳的研学旅行产品,要深入分析是产品本身不够吸引人,还是受市场等其他因素的影响。如果出现团队质量问题要追溯原因,同时,对于接待单位的选择,也应经过充分的磨合、审慎的斟酌后再做决定。

知识训练

1.出境研学旅行计调人员应掌握哪些技能?

2.出境研学旅行组团社计调人员在研学团队出发前有哪些工作?

技能训练

河南某旅行社接到郑州××中学高二学生前往新加坡研学的计划,具体如下:

研学时间:10月1日至10月7日,7天。

研学人数:200人。

研学地点:新加坡。

研学目标:通过此次研学提升学术和语言水平,开阔国际化视野,培养创新思维和生活技能,为未来的学习和职业发展打下坚实的基础。

思考:该旅行社接到任务后,计调人员要做哪些工作呢?

项目小结

本项目主要介绍了出境研学旅行组团计调业务实操内容。首先,介绍了计调人员应该掌握的基础知识。其次,阐述了出境研学旅行产品的设计与开发、定价与报价方法及各项旅游服务的采购方法。最后,详细介绍了出境研学旅行组团计调的整个工作流程。

项目五
研学旅行计调技能提升

知识目标

1. 全面理解和掌握研学旅行所需的各项基础知识。
2. 深入理解计调人员的职业操守要求,树立正确的职业道德观念。
3. 熟练掌握并应用计调人员在日常工作中的礼仪规范。
4. 准确掌握并理解研学活动涉及的相关法律法规。

能力目标

1. 具备灵活调整团队协作的能力。
2. 能够构建并维护长期稳定的客户关系。
3. 能够建立全面、灵敏的预警机制。
4. 拥有高效、专业的投诉处理技能。

素质目标

1. 培养学生爱岗敬业、细心踏实、勇于创新的职业精神。
2. 培养学生的知识应用能力,并能够将所学知识应用到实际工作中。
3. 培养学生的科学精神,树立正确的世界观、人生观、价值观。

思维导图

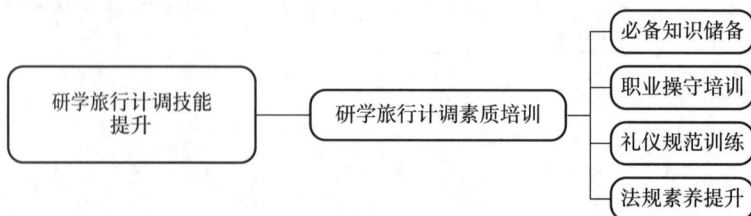

```
                                                            协作网络调整

                                                            团队流量控制

  研学旅行计调技能                研学旅行计调业务技能提升          客户关系维护
     提升
                                                            预警机制建立

                                                            突发事件防范和处理

                                                            研学者投诉处理
```

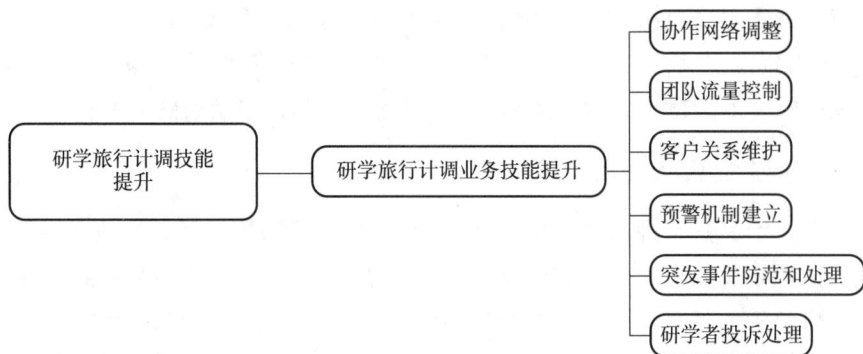

任务一　研学旅行计调素质培训

🍷 任务导入

某研学团队前往山区进行为期三天的自然探索研学活动。活动前两天一切顺利，但第三天清晨，天气预报突然显示有强降雨并伴有山洪风险。此时，研学团队已处于山区腹地，距离最近的安全避难所还有一段距离。

思考：计调人员接到此信息后应该怎么办？

分析：通过计调人员的及时介入和有效操作，研学团队能够避免因天气突变而可能引发的山洪等自然灾害风险，确保全体成员的安全。

🍷 任务重点

研学旅行计调人员应具备的职业操守与必备知识训练。

🍷 任务难点

研学旅行计调人员应具备的法律法规素养提升。

🍷 任务实施

计调作为一种专门的旅游行业技能岗位，已被行业认可。研学旅行计调人员的职业生涯由助理计调、正式计调和计调经理三个等级构成。在较大的研学旅行企业中，又有见习计调、部门计调、业务区域计调等多种岗位。

一、必备知识储备

计调人员需要具备丰富的研学基础知识，以及较强的攻略制定能力。一名合格的研学旅行计调人员,需对研学旅行产品覆盖的目的地国家和地区有深入了解,熟悉当地概况、研学资源点、常规线路、交通出行方式、酒店住宿条件、研学场所环境等信息,同时掌握民族民俗、宗教禁忌等文化要点,尤其对关键知识需做到熟记于心。

(一)研学企业产品的含义

研学企业产品是一种结合了学习和旅行的教育产品,旨在通过实地考察、亲身体验和实践活动来提高研学者的综合素质和知识水平。研学企业产品通常由研学旅行企业结合研学者的特点来开发,为研学者提供一种全新的学习方式,让他们在旅行的过程中获得知识和成长。未来,随着教育理念的不断更新和技术的持续发展,研学企业产品将会更加多样化和个性化,为研学者提供更加丰富和有趣的学习体验。

(二)研学企业产品的特点

1.理论与实践结合

研学企业产品不仅注重知识的传授,更强调研学者的实践体验和动手操作能力。研学者可以通过参观博物馆、古迹、科技企业等,亲身感受并理解所学知识,使学习变得生动且深刻。

2.互动与体验结合

研学企业产品强调研学者的参与和互动,通过手工制作、户外探险、科学实验等活动,让研学者在实践中学习和探索,提高学习兴趣和积极性。

3.多领域广泛覆盖

研学企业产品的种类繁多,涵盖了历史、文化、科技、生态等多个领域。研学者可以根据自己的兴趣和需求选择适合的研学企业产品,实现个性化学习。

4.教育目标明确

研学企业产品具有明确的教育目标,旨在培养研学者的综合素质和能力。通过研学活动,研学者可以提升创新思维、团队合作精神、解决问题的能力等,为将来的学习和生活打下坚实的基础。

5.市场导向与创新

随着消费者对知识和旅游的需求不断增加,研学企业产品的市场规模也在逐年扩大。为了满足市场需求,研学旅行企业不断创新产品形式和内容,提供具有创新性和独特性的研学企业产品,以满足研学者的需求。

二、职业操守培训

研学旅行计调职业操守培训的内容是确保计调人员具备高度的职业道德和责任感,以维护研学旅行的质量和研学者的利益。以下是研学旅行计调职业操守培训包含的主要内容。

1. 诚信经营

诚实守信,不虚假宣传,不夸大其词,确保研学企业产品的真实性和可靠性。在价格、服务内容等方面保持透明,不欺诈客户。

2. 客户至上

强调以研学者为中心的服务理念,关注研学者的需求和期望,努力提供优质的研学企业产品和服务。在行程设计、资源安排等方面充分考虑研学者的安全和舒适度。

3. 责任担当

明确计调人员的责任范围,要求其对自己的工作负责,对可能出现的问题和风险进行预判和防控。在遇到问题时积极应对,妥善处理,确保研学活动的顺利进行。

4. 团队合作

强调团队合作的重要性,要求计调人员与其他团队成员保持良好的沟通和协作。在团队中发挥自己的专业优势,共同为研学旅行活动的成功开展贡献力量。

5. 尊重文化

计调人员应尊重当地的文化传统和风俗习惯,不损害当地的文化遗产和生态环境。引导研学者树立正确的文化观念,增强文化自信。

三、礼仪规范训练

计调人员遵守相应的礼仪规范,以展现良好的职业形象和服务态度。

1. 着装得体

计调人员应穿着整洁、专业的服装,以展现良好的职业形象。避免穿着过于随意或暴露的服装。

2. 语言文明

在与客户沟通时,应使用礼貌、文明的语言。避免使用粗俗、不礼貌的言辞或语气。

3. 尊重客户

认真倾听客户的需求和意见,并给予积极的回应。避免打断客户的发言或表现出不耐烦的情绪。

4. 保持专业形象

在与客户沟通时,应展现专业知识和技能,以赢得客户的信任和尊重。避免在客户面前谈论与工作无关的话题或出现不专业的行为。

5. 注意细节

在处理客户事务时,应注重细节,确保信息的准确性和完整性。及时回复客户的咨询和反馈,以展现高效的服务态度。

案例聚焦
▼

计调人员因私事冷落客户致流失

6. 维护企业形象

在与客户沟通时,应积极宣传企业的产品和服务,为企业树立良好的形象,避免在客户面前发表对企业不利的言论或出现损害企业形象的行为。

四、法规素养提升

计调人员想要提升法规素养,需要系统学习相关法律法规和政策、参加专业培训、加强实践锻炼、建立法规意识,以及构建法规知识库等。

(一)学习相关法律法规和政策

1. 系统学习

研学旅行计调人员应系统学习国家及地方关于研学旅行的法律法规、政策文件,如教育主管部门的规定、安全管理规定、行前指导规定等。这些规定通常明确了研学旅行的组织原则、安全要求、教育目标等,是计调工作应遵循的基本依据。

2. 关注更新

由于法律法规和政策会随着时间和社会的发展而更新,计调人员需要定期关注相关法律法规的修订和更新,确保自己的知识库始终保持最新状态。

(二)参加专业培训

1. 法律培训

参加由专业机构或学校组织的法律培训,特别是针对研学旅行领域的法律培训,可以帮助计调人员深入了解相关法律法规的具体内容和实际应用。

2. 案例分析

通过案例分析,了解其他研学旅行活动中遇到的法律问题和解决方法,从中吸取经验教训,提高自己的法律素养和应对能力。

(三)加强实践锻炼

1. 实地考察

在研学旅行活动前,计调人员应亲自前往目的地进行实地考察,了解当地的安全状况、法律法规执行情况等,为制定科学合理的研学旅行计划提供依据。

2. 模拟演练

组织模拟演练活动,模拟研学旅行过程中可能遇到的法律问题和紧急情况,通过此类实践锻炼,有效提升计调人员的应对能力和处理技巧。

(四)建立法规意识

1. 强化法规意识

在日常工作中,计调人员应始终将法律法规作为自己的行为准则,严格遵守相关规定,确保研学旅行活动的合法性和规范性。

2.注重宣传教育

通过开展宣传教育活动,提高研学者的法律意识,让他们了解并遵守相关法律法规和政策要求,共同维护研学旅行的良好秩序。

(五)构建法规知识库

1.整理归纳

计调人员将所学的法律法规知识和相关政策文件进行整理归纳,建立自己的法规知识库,这有助于计调人员在工作中快速查找和引用相关法律法规和政策文件。

2.定期更新

由于法律法规和政策会不断更新和完善,计调人员应定期更新自己的法规知识库,确保知识的时效性和准确性。

知识训练

1.简述研学企业产品的含义以及其未来发展趋势。
2.阐述研学旅行计调职业操守培训包含的主要内容。

技能训练

1.假设你是一名研学旅行计调人员,要为某学校设计一个以历史文化为主题的研学企业产品,请根据研学企业产品特点阐述设计思路。
2.请你根据计调人员礼仪规范训练内容,模拟一次与客户沟通的场景,展示如何运用礼仪规范。

任务二　研学旅行计调业务技能提升

任务导入

最近,小林参加了由市文化和旅游局组织的研学旅行企业业务交流会。在交流期间,他考察了一家大型研学旅行企业的计调工作,发现这家企业在客户营销活动方面成效显著。该企业表示,有效的营销基础在于拥有完整的客户档案。在交流会上,领导多次强调,各研学旅行企业要加强客户档案管理,做好本市旅游业客户满意度调查工作。

思考: 如何制作客户档案?怎样利用档案开发市场和提高对客服务水平?

分析: 客户关系维护的目的是努力提高研学者对本研学旅行企业的忠诚度,推动其从一次性购买转变为经常性购买,进而成为企业的稳定客源。对研学旅行企业而言,拥有忠诚客户对其生存和发展至关重要。

任务重点

研学旅行计调人员应具备的技能与素质要求。

任务难点

研学旅行计调人员的技能提升。

任务实施

随着研学旅行企业经营规模的扩大,诸如供应商管理、旺季客流量控制和团队财务核算等工作,都对计调人员提出更高的技能要求。

一、协作网络调整

研学旅行企业具有较强的依赖性,其经营的服务产品既依赖于包括客源地、目的地研学旅行企业在内的旅游企业提供的各类服务,也依赖于民航业、保险业、金融业以及相关政府部门提供的服务。因此,研学旅行企业的业务经营实际上是与相关行业对客服务的多维度协作。

与相关企业和机构建立互惠互利的协作网络,是研学旅行企业稳定提供旅游服务、保证服务质量的关键,这也是计调经理的重要工作。研学旅行企业的业务协作关系主要包括:与研学旅行企业产品所覆盖区域的宾馆酒店、研学资源点等供应商的关系;与地接社或组团社的协作关系;与行业主管部门及目的地国驻华使领馆的友好关系。

研学旅行企业协作网络的建立和管理包括发现与选择、建档、筛选与调整等环节。研学旅行企业计调部门应本着互利、效益和诚信的原则筛选合作单位,建立筛选标准,编制协作单位明细表及合作操作流程。下面以研学旅行企业与市内交通、酒店建立协作关系为例进行介绍。

(一)发现与选择供应商

计调部门除了要发现和选择(采购)交通服务供应商外,还需要选择酒店餐饮、景区等供应商,签订规范的合同或协议。与旅游供应商签订服务采购合同,计调经理关键要把握以下几点。

(1)供应商一定要具备合法经营资质,符合国家相关要求,如饮食行业需有卫生许可、旅游车需有有效保险等。

(2)明确协议价格及定价方式,确定旅游淡旺季非协议价格的商定方式,避免出现商业行贿行为。

（3）服务内容及标准。

（4）意外情况处置原则。

（5）违约或争议处理方式。

（二）建立合作商、供应商档案

研学旅行企业计调部门应编制与企业合作的酒店、景区、地接社、旅游汽车公司等详细档案，对于经常合作的企业，还应做出客观评价。合作商、供应商档案包括汇总表和各企业情况记录，各企业情况记录主要是企业简介、产权及各项说明。旅游车队汇总表示例如表5-1所示。

表5-1　旅游车队汇总表示例

序号	公司名称	联系人	电话	法人	营业执照	投保公司	联系部门	手续资料
1	北京外事	杨某	137×××× ××××	陈某	3309867××××× ×××	太平洋保险	大客户部	资料全、合同有
2								
3								
4								

1. 合作商、供应商的分类编号

研学旅行企业可根据自身产品类目和服务类目，对合作商和供应商进行分类，并依据这些类目对其进行编号。以景区类供应商为例，其序号为"2"，国内各省市研学资源点采用省市简称进行编目，如浙江的简称为"浙"。在此基础上，结合景区类型（按照国家旅游资源普查表，景区类型可划分为A、B、C、D、E、F、G、H八大类），如地文景观对应"A"，以"1、2、3⋯⋯"依次标注序号，编号样式如"2浙A001""2浙A002"等。餐饮类供应商序号为"3"，编号则为"3浙A001"等。采用这样的编号方式，利于电脑管理。

2. 合作商、供应商基本资料的档案管理

将合作商与供应商的名称、地址、负责人、电话、电子邮箱、营业执照登记号、提供的项目内容、企业规模或等级、销售额、商业信用等信息录入企业数据库和纸质档案库，建立完整的资料档案，从而便于后续的管理工作。

3. 设立合作商、供应商的台账管理

计调部门应对每一个合作商、供应商的每次合作所提供的产品与服务的价格、数量、提供方式及毛利率等资料设立台账。同时，要对供应商、合作商的优劣进行评判，并将评判结果作为未来开展合作的重要选择依据。在实际操作中，对于多次合作的供应商、合作商，通常是一企一档。

Note

（三）筛选与调整合作商、供应商

研学旅行企业对供应商和合作商的管理应是动态管理。计调经理应经常关注这些企业对外服务的变动情况，包括人事变动、产权变更及价格调整等，对这些企业的每次合作情况进行简要记录与总结，同时，制定筛选标准和流程。

1. 合作商的筛选

对组团社来说，合作商主要是各地接社，包括境外地接社；对地接社来讲，合作商主要是能带来游客的组团社，包括经营团队中转业务的研学旅行企业。筛选合作商的主要目的在于确保今后的长期合作能保质保量，从而实现经营利润。

（1）筛选标准。

①规模标准。

首先考量对方的企业性质，如国有企业、民营企业、独立法人企业、集团公司下属企业、内资企业或外资企业、传统企业、现代新办企业等，当然，这些企业必须是合法的研学旅行企业。其次关注企业经营范围，如是否涵盖全面旅游业务（如国内业务、入境业务、出境业务、观光业务、会议业务等）、专业旅游业务，是否有正规的车队、景区、酒店甚至航空公司等资源。最后考察企业的员工数量和专业人才情况，如在我国的研学旅行企业中，中等规模的研学旅行企业在职员工人数一般在30人以上，并且有专门的在职研学旅游指导师团队、多个营业网点或连锁子公司，以及电子商务、产品策划部门等。

②规范性标准。

考察和评判合作商的各种作业流程是否合理、规范和准确，尽可能地了解各项管理制度和企业文化是否完备。业务操作流程反映了合作方的企业成熟度和专业性，也是经营质量的保证。

例如，在出境业务流程中，是先订机票还是先办签证，不同情况有不同要求，不少研学旅行企业按照"订机票—办签证"的顺序进行，但去美国应先办签证。又如，某研学旅行企业预先让地接社订好8间标准房，但最后研学团队的旅游合同未签下，导致住宿赔偿。所以，不同的旅游目的地和旅游季节，其操作流程有差异，成熟的研学旅行企业更注重这些细节，而非千篇一律。

③特色标准。

研学旅行企业之间的合作以互补为基础，这就要求合作双方各有特色。组团社在选择合作方时，应重点考量地接社当地旅游线路的独特性、接待服务的特色优势，特别是在餐饮、住宿、交通安排方面的细致程度与合理性；而地接社则需依据组团社的客源市场特征、销售模式等因素，审慎选择合作对象。

④质量标准。

质量主要体现在地接社的接待服务质量上，集中表现为地陪人员的职业水平。在筛选合作企业时，需重点关注地接社专职研学旅游指导师的数量规模、综合素质，以及服务流程的标准化程度。

⑤价格标准。

价格是餐饮、住宿、交通等各项服务成本与服务利润的综合体现。在保障服务质量的前提下，合理的价格体系是研学旅行企业开展合作的重要依据。地接社的价格优势与其企业规模、运营模式、品牌影响力及采购标准化程度等因素密切相关。因此，在遵循价格标准筛选合作方时，需实质考量上述影响因素。

⑥诚信标准。

对合作商的筛选需考量其企业诚信度及计调等核心执行人员的诚信品质。一方面，需考察对方应收账款、应付账款、坏账损失及资产管理等财务状况；另一方面，在日常合作中，研学旅行企业间常基于商业信用开展业务（如口头报价、口头约定、延期付款等），若长期未清理团款，易导致大量坏账损失。

合作商的诚信度可以通过一些外在的表现来判别，如"全国百佳""省、市十佳""税务先进""品质星级"等，以及企业或员工个人的各种社会荣誉。

（2）筛选步骤。

①部门定期评议。

研学旅行企业的销售部门（包括各营业部门）、外联部门（有的研学旅行企业设采购部门）、企划部门、导服部门、各市场中心计调部门等，在每年年底对所有合作商进行评议。

②计调部门审核。

计调部门汇总各部门对合作商的评议材料，对照合作商筛选标准进行审核。对那些不守合同信用、出现严重服务质量问题的不良企业，及时终止合作；对那些合作良好、业务量不断扩大的新合作商尤应注意。计调部门应填写年度合作商筛选表，报送总经办会议决定。

③总经办复核并颁布决定。

研学旅行企业总经办组织总经理办公室会议，依据既定标准进行复核，并结合企业下一年度业务计划或发展规划，完成合作商筛选并发布最终决定，通知各部门于下一年度执行。地接同业合作商评价表如表5-2所示。

表5-2　地接同业合作商评价表　　　　填报部门：

合作商名称	资质（证照品级）	规模（年营销量）	价格合理性	住宿、交通、门票采购能力	研学旅游指导师服务	安全管理	其他资源（酒店、车队等）	总分

2. 供应商的筛选

供应商主要指旅游汽车公司、住宿企业、餐饮企业、研学资源点等。由于这些供应商提供的产品不同,因此,具体筛选标准有较大差异。

(1)筛选标准。

①旅游汽车公司。

重点考评公司的资质、车辆状况、司机技术和服务态度、上一年度合作情况。汽车公司应当持有道路运输经营许可证,驾驶人员应具备旅客运输类驾驶员从业资格证。车辆应符合《旅游汽车服务质量》(LB/T 002—1995)及《营运客车类型划分及等级评定》(JT/T 325—2018)标准,纳入交管部门监管;车辆已安装卫星定位系统和行车记录仪。上一年度道路运输企业质量信誉等级考核指标为A级以上,无严重责任事故。按客车座位足额购买第三者责任险。旅游汽车公司应建立动态管理机制,收集随团研学旅游指导师对车辆和运输服务的意见。研学旅游指导师给出的安全满意度和综合满意度评价需为较高水平。满足以上标准的旅游汽车公司优先考虑合作。

②住宿企业。

住宿企业包括酒店、宾馆、农家乐、民宿等。重点考评住宿企业的经营资质、硬件设施、服务水平、区位条件、周边环境、交通状况、治安状况等。

第一,住宿企业应持有经营许可证、消防验收合格证明、营业执照、卫生许可证、安全合格证等。第二,酒店应为星级酒店,星级高者优先。第三,商务型酒店、经济型酒店在价格、设施、环境相当的情况下,选择连锁品牌店或地区评级较高者。第四,农家乐、家庭旅馆达到省或市农家乐经营户旅游服务质量星级划分和评定标准,以及家庭旅馆要求,从中选择优秀者。第五,建立合作住宿企业动态管理机制,将研学旅游指导师及研学者对住宿点的反馈意见纳入筛选评价体系。第六,研学旅游指导师给出安全满意度和综合满意度评价,满意度高的优先考虑。

③餐饮企业。

餐饮企业主要是为研学团队提供餐饮服务的餐厅、美食街及农家乐等。考评的重点是餐饮企业的经营资质、硬件设施、服务水平、消毒程序、菜品种类和特色、区位条件、周边环境、交通状况、治安状况等。筛选标准除了等同于住宿企业相关筛选标准外,更应重视其菜品、饮品的地方特色。

④研学资源点。

在研学旅行活动中,研学资源点的美感品质与研学者的舒适度,直接关系到研学旅行企业的整体声誉和产品形象。因此,计调部门在采购研学资源时,必须树立强烈的质量意识,同时兼顾审美要求。

第一,在研学资源点筛选中,重点考评其经营资质、资源级别、区内及周边环境状况、配套设施设备、应急处理能力、服务水平、区位条件、交通状况等。第二,研学资源点观光游览以及其他服务项目,都应当经有关部门审核批准。第三,建立合作旅游景区动态管理机制,将研学旅游指导师及研学者对研学资源点的反馈意见纳入筛选评价体系,确保及时掌握设施设备更新、安全性、交通状况等最新真实资讯。研学旅游指导师需对研学资源点给出安全满意度和综合满意度评价,满意度较高的资源点优先入选。

值得注意的是,研学旅行企业选择合作商与供应商时,应匹配自身业务范围和层次,切勿与不具备独立法人资质的供应商、合作商及其所属的"经纪人"、营业部、门市部等开展业务往来。因为在合作中若发生重大交通事故、重大质量投诉等事件,此类合作者通常缺乏赔偿能力,不仅会推诿责任,甚至可能直接"跑路"。

(2)筛选办法。

①计调人员收集供应商合作记录。

计调人员平时注意记录研学团队对供应商的反馈意见,以及涉及供应商的研学事故情况。

②部门定期评议。

研学旅行企业的销售部门(包括各营业部门)、外联部门(有的研学旅行企业设采购部门)、企划部门、导游服务部门,以及各市场中心计调人员等,应在每年年底对所有合作的供应商进行分类评议或评分。

③计调部门审核。

计调部门汇总各部门对供应商的评议材料,对照供应商筛选标准进行审核。对于不遵守合同、出现严重服务质量问题、存在较大安全隐患或者内外环境质量差的企业,应停止合作;对于合作良好、环境质量和服务质量俱佳的供应商应进一步深化合作。计调部门应填写年度各类供应商筛选表,报送总经办会议决定。

④总经办复核并颁布决定。

研学旅行企业总经办组织总经理办公室会议,对照标准进行复核,并根据企业下一年度的业务计划或发展计划最终筛选供应商,颁布筛选决定,通知各部门在下一年度执行该决定。

供应商筛选表可细分为研学旅行车队筛选表、酒店筛选表等各供应商类别筛选表。年度供应商筛选表示例如表5-3所示。

案例聚焦

研学旅行企业规模大小能决定接待质量吗?

表5-3　年度供应商筛选表

填报部门:　　　　填报日期:　　　　填表人:

供应商名称	所在地区	供应项目	资质等级	合作诚信度	硬件设施状况	服务质量	价格合理性	其他	总评分

Note

二、团队流量控制

随着研学旅行企业规模扩大及旅游旺季来临,企业接待能力瓶颈问题日益凸显,进而导致服务质量下降、游客投诉增多。鉴于旅游淡旺季的客观存在,研学旅行企业经营活动不能一味追求发团量、接团量的增长。为保障旅游服务质量,企业需依据自身接待能力,有效控制客流量。

研学旅行企业的客流量控制主要依据计调部门运营情况的反馈。计调部门在接发团操作中,根据采购(主要是交通和客房资源)、导游服务(地陪或全陪)等部门提供的最大与最小接待阈值,为各销售部门招徕的研学团队(者)配备服务项目。因此,研学旅行企业计调部门是研学旅行企业业务规模的"晴雨表",在控制客流量方面发挥着关键作用。

研学旅行企业计调部门对客流量的控制内容存在差异,主要原因在于各企业计调部门的业务模块设置不同。例如,客户回访工作,有的企业将其纳入客服部门或呼叫中心,有的则分散在各业务部门;多数企业的采购业务由计调部门负责,也有企业将其划归"总经办"。但从行业整体来看,客流量控制职责大多由计调部门承担。

研学旅行企业计调部门对客流量的控制,主要依据旅游高峰期航空机位预订量、旅游热线标准客房预订量与地接社客房代订总量、专兼职研学旅游指导师空档人数、线路游客投诉量等数据开展。通常,企业通过编制月度或季度接团量表、发团量表来直观呈现客流量状况。为实时反映客流量情况并优化旅游服务资源配置,计调人员需编制地接客流量表和发团客流量表,同时撰写针对研学者的客服分析报告。

(一)地接客流量表的编制

地接团可分为本地地接团和中转地接团。由于当地的研学旅行企业产品多为1日游和2日游产品,因此地接团以1日游和2日游为主。地接客流量表如表5-4所示。

表5-4   地接客流量表

4月30日至5月10日

团号	日期										
	30	1	2	3	4	5	6	7	8	9	10
康辉国旅0430F-豪FC28+3											
广州华侨0510E-房B30+2											
⋮											

1. 团队来源地、客源地和发团社应在团号中显示

例如,华东地区的研学旅行企业有来自天津的研学者,以"津"表示;发团社为天津国旅,则注"津国旅"字样。

2. 接团日期

4月30日，记作"0430"。

3. 逗留时间

2天，在表中用半字线表示。

4. 团队消费档次

标准档注"标"字或不注，豪华团或会议团则注"豪"或"会"的字样。

5. 需我社订房和订票

注"房"和"F"（表示机票）或"W"（表示硬卧）。

6. 同类团队数量

用A、B、C排序。

7. 团队人数

不包括全陪等的游客人数，例如，28成人、3小孩，则记"28＋3"。

（二）发团客流量表的编制

研学旅行企业发团客流量又称组团量。企业组织的团队按游客关系及人数可分为直客团和散拼团，其中人数不足16人的称为散客，散客团一般不配备全陪研学旅游指导师。按单次旅游消费天数，团队又分为3日以内的短线团和4日以上的中长线团；短线团的研学旅游指导师周转速度较快，中长线团的指导师周转速度较慢，且中长线团的交通服务供应会制约企业客流量。旅游旺季时，团队可分为热线团和温冷线团，由于热线团在交通、住宿等服务方面存在限制，研学旅行企业需加强对其客流量的控制。

研学旅行企业制作发团客流量表时，应能反映出热点旅游线路的团量状况。因此，发团客流量表的纵向内容是旅游线路，也即研学旅行企业产品。发团客流量表所呈现的内容主要包括冷热线路、团队性质（如标准团、豪华团、会议团、直客团、散拼团、专业考察团、纯玩团等）、往返交通、发团时间地点、旅游时间、人数等信息。

例如，某北京—承德7日商务考察研学团队是散拼团，4月30日从杭州发团，人数为20成人，2个小孩，来回双飞，首站地接社为燕都研学旅行企业。同类团属第二个，在发团客流量表（表5-5）上记作"杭散04302F商B20-2燕都"。

表5-5　发团客流量表（4月30日至5月10日）

线路	日期										
	30	1	2	3	4	5	6	7	8	9	10
北京—承德	杭散04302F商B20-2燕都										
昆明—大理—丽江		富阳直05013F纯A31-5昆明国旅									
⋮											

团号的另一种表示方法是简易的"字母＋数字"形式。例如,中国青年国际研学旅行企业某年6月25日至7月2日法瑞意8日游研学团队,在表单上记作"CYTS0625-0702-1546-17",其中"CYTS"是该研学旅行企业的英文缩写,"0625-0702"为团队出游的起讫日期,"1546"为该旅游线路第1546个团,数字"17"是该团游客数。

在记录这种形式的发团客流量表(表5-6)时,以团队出发日期作为月份归属。

表5-6　CYTS某年6月份出境团发团客流量表

线路	法意瑞	新马泰	美加	德奥	俄罗斯	日韩游轮	柬埔寨	……
组发团	0601-0608-1536-15 0603-0611-1537-31 0625-0702-1546-17	0603-0611-2313-21 ……						
团数								
人次数								

(三)客流量控制

研学旅行企业的客流量控制,是指计调部门为保障服务质量、控制团队运营成本,依据各经营时段的研学旅行接待量及研学者消费特点进行统计分析,以此判断研学线路的冷热程度和接待的淡旺季规律,并将其作为合理配备研学旅游指导师(领队)、住宿、交通及票务等服务资源的依据。客流量控制的本质在于实现研学旅行服务的供需平衡。

客流量控制的内容主要包括:每年1月1日接团或发团量、全年团量与导服人数(专职及兼职人数)的比值、研学高峰期团量与导服人数的对比、航空机位(铁路卧铺票)与发团量的对比、团队投诉率、研学者反馈情况(即客服分析)等。

根据不同的业务时段,客流量控制分为现时量控和年度量控。

1. 现时量控

现时量控是指在当前计调业务操作中,对途中在运行的团队数量和近期即将发团的数量进行分析与管控。通过统计途中团量和即将发团量(或旅游人次),评估研学旅行企业在研学旅游指导师服务配置、交通运力调度、酒店住宿安排以及出境签证办理等方面的实际接待能力。

2. 年度量控

每年年底,研学旅行企业计调部门需依据各类流量表,对上一年度各类研学旅行业务的客流量数据进行分析,通过统计计算明确最大及最小客流量对应的季节、线路、消费档次等信息,以此作为下一年度企业开展采购、促销及产品开发等工作的决策依据。

研学团队流量(包括散客团流量)的控制是计调管理者的重要工作内容。流量控

案例聚焦

研学企业旺季导师周转人次超员

制的主要依据包括研学旅行企业接待能力(尤其是研学旅游指导师数量)、热点线路的机票车票票务情况,以及目的地客房数量。相应的流量控制表在"金棕榈旅游服务管理系统"中配备有对应软件,此处不再列样表。

三、客户关系维护

客户关系维护指研学旅行企业运用有效的方式,维持与客户已建立的客户关系,使客户不断重复购买其研学旅行企业产品或相关服务的过程。客户关系维护的目的是努力提高客户对本研学旅行企业的忠诚度,使得一次性购买发展成为经常性购买,进而成为本研学旅行企业的稳定客源。拥有忠诚客户对研学旅行企业的生存和发展十分重要。

通常20%的忠诚客户能为企业创造80%的利润,这便是著名的"二八定律"。相比之下,企业吸引新客户需付出较高成本,这些成本不仅包括资金投入,还涵盖时间、人力、智力等方面,例如各类广告投放、促销费用,以及了解客户所耗费的时间等。有研究推测:若客户满意度和忠诚度提升5%,企业获利能力将提高35%。因此,研学旅行企业应重视老客户,提升客户关系维护能力。

研学旅行企业客户关系维护包括建立客户档案、开展客户回访相关工作、调查客户满意度等多个方面。计调部门和销售部门是研学旅行企业客户关系维护的主要部门。

(一)建立客户档案

广义的研学旅行企业客户档案包括研学者档案、供应商档案和合作商档案。后两者已在前文述及,不再赘述,下面主要介绍研学者档案。

1. 研学者档案的重要性

研学旅行企业仅关注接待服务质量是不够的,良好的售后服务是优质接待工作的延续,也是新的销售工作的开始。研学旅行企业的客户维护主要是通过售后服务来实现的。一般来说,研学旅行企业的售后服务是指研学旅行活动与行程结束以后,研学旅行企业继续向客户提供的各种服务,有的是为解决客户在研学过程中遇到的问题,有的是为了加强同客户的联系、提升客户的忠诚度,有的是向客户推荐新的研学产品。从客户那里得到意见反馈不仅可以维持原有的客源,还可以不断完善和更新产品内容、提高接待服务水平,让研学旅行企业在激烈的市场竞争之中立于不败之地。投诉处理、客户回访、满意度调查、生日问候等都是研学旅行企业进行售后服务的主要方式,这些工作的开展都离不开研学旅行企业完整的研学者档案系统。

2. 研学者档案的建立

(1)收集研学者信息。

研学者信息主要分为人口特征信息、研学偏好信息两部分。研学旅行企业需要的研学者人口特征信息包括姓名、性别、年龄、籍贯、学历、住址、家庭人口、联系电话及邮箱、身份证号等基本信息;研学偏好信息主要包括研学时间、研学次数、消费喜好、反馈意见、经济情况(收入)等。

教学互动

思考:计调部门想要收集有效的研学者信息可通过哪些渠道?

(2)编制研学者档案。

研学旅行企业的纸质研学者档案制作较为简单,只要将研学者资料稍加甄别,以研学旅行合同及所附研学者名单为主,逐年、逐月装订成册,放入规范的档案袋即可。档案袋可按时间序列或产品类目编号、标注。

(二)开展客户回访相关工作

回访工作是研学旅行企业计调部门进行售后服务及客户维护的重要内容之一。通过回访,研学旅行企业可以主动发现产品与服务的缺陷,打消客户投诉念头,变被动为主动,改善与客户的关系,改进产品,提高服务质量。

1. 制定客户回访工作制度

(1)加强回访工作的目的和意义。

客户回访工作是研学旅行企业强化旅游服务管理的关键环节。切实做好客户回访工作,能够及时与客户沟通信息,全面掌握研学活动中企业产品设计、研学旅游指导师服务质量及客户满意度等方面存在的问题,进而推动旅游服务工作的优化与健康发展。

(2)建立回访工作组织。

以计调人员为主,成立研学旅行企业质量监督小组,设置专职回访人员,负责研学旅行企业的客户回访工作,并开设售后服务热线。

(3)回访工作要求。

通常情况下,研学活动结束后的三日内,回访人员需主动向研学团队成员进行上门回访或电话回访;对于一日研学团和地接的团队,回访人员应在研学活动结束的当天或团队离开前,以现场回访或电话沟通的形式,征求研学者的意见和建议,并填写回访单,然后将相关信息输入电脑保存。

(4)回访结果反馈。

每周对回访内容进行分类整理,形成回访周报;每月将周报汇总为回访工作月报,提交质量监督小组汇报。质量监督小组需提请研学旅行企业召开专项会议,研究解决研学者反馈的问题,并将处理结果或方案及时与研学者沟通,确保给予满意答复。各业务部门需针对回访中发现的问题,向质量监督小组反馈整改落实情况。

2. 开展客户回访工作

回访人员按照回访制度,在团队返回三天或地接研学团队离开当地前进行回访。

对特殊团队、重要单位的研学团队,回访人员应进行上门回访;而对于一般团队,则可选择上门回访或电话回访的方式。

（三）调查客户满意度

满意度调查通常是在研学行程即将结束之际进行的。通过意见反馈表,研学旅行企业可以及时了解研学者对本次研学活动的感受,了解研学者对产品设计、采购供方服务及研学旅游指导师(领队)服务的评价。这些评价反映研学者对本次研学活动及各环节的满意程度,同时收集研学者的反馈意见,以便及时发现问题并加以解决。××研学团队研学者意见反馈表如图5-1所示。

团号：　　　领队：　　　研学旅游指导师：

尊敬的贵宾：

非常感谢您参加由我社接待的＿＿＿年＿月＿日至＿月＿日的＿＿＿＿＿线路的研学团队,现在占用您的一些宝贵时间,请对我们的接待服务提出宝贵意见,这对改进和提高我们的服务至关重要,感谢您对我们工作的支持。

您对以下各方面的意见(请打钩)		很满意	满意	一般	不满意	具体意见详细说明
酒店情况						
用餐情况						
旅游用车及司机	旅游大巴整体车况					
	司机服务					
地接研学旅游指导师服务	服务态度					
	讲解水平					
领队全陪服务	服务态度					
	业务水平					
综合接待						

A.请您对于此次行程的总体安排及行程的各个方面提出宝贵的意见和建议(详细具体意见可写在意见表背面)。

＿＿＿＿＿＿＿＿＿＿＿＿＿＿＿＿＿＿＿＿＿＿＿＿＿＿＿

B.您是否有出境研学旅行的计划? 如果有,想去哪些国家(地区)以及大概时间。

＿＿＿＿＿＿＿＿＿＿＿＿＿＿＿＿＿＿＿＿＿＿＿＿＿＿＿

C.您是否第一次参加我社组织的研学旅行活动?

□是　　□否(共　次)

图5-1　××研学团队研学者意见反馈表

D.您是通过何种方式获得我社研学旅行资讯的？

□广告　□当地研学旅行企业　□亲友推荐　□网站　□电话　□短信或微信

E.您是如何与我社签约的？

□来门店　□网上　□销售上门

研学者签字：　　　　联系方式：　　　　日期：

联系地址：　　　　E-mail或QQ：

再次对占用您的宝贵时间表示歉意，并衷心感谢您对我们工作的理解和支持，最后祝您阖家幸福、工作顺利、万事如意！

续图 5-1

四、预警机制建立

安全是研学旅行企业经营活动的第一要义。研学旅行安全事故往往在研学旅行过程中突然发生，对研学者及相关从业人员可能造成严重危害，需要采取应急处置措施。研学旅行企业计调部门要加强安全预警，以应对可能遇到的自然灾害、事故灾难、公共卫生事件和社会安全事件及其他突发事件。

研学旅行安全包括研学者安全和研学旅行企业的经营场所安全。研学旅行企业的安全管理是一种全员管理，而研学旅行企业计调部门则是研学业务运营中研学旅行安全管理的主要管理和施救执行部门。作为计调经理，既要具有旅游安全管理的高度责任感，也要具有旅游安全事故的预防和处理能力。

研学旅行企业应构建完善的突发事件防范与应急救援管理机制，内容涵盖设立突发事件处理组织机构，规范应急预案的编制、审批、演练、评价流程，同时完善应急救援响应工作程序及相关记录。应急预案是企业针对突发事件，在风险防范、应急管理、指挥调度、救援实施等环节预先制定的工作方案，包含处置方式、操作流程及必要物资准备等内容。为切实做好安全管理工作，企业需秉持预防为主的原则，制定科学完备、切实可行、高效有效的应急预案。

研学旅行企业安全事故管理中的救援工作，尽管大多数是由随团导服人员直接参与事故的预防和处理，但计调部门应负责制定安全管理制度，传递信息，制定解决方案。

（一）明确指导思想

研学旅行安全管理必须遵循"安全第一、预防为主、综合治理"的方针，以落实安全责任和隐患排查为基础，以健全安全管理制度为保证，预防和提高安全管理（服务）水平，减少旅游安全事故发生，保障研学者和研学旅行从业人员的人身安全，确保研学活动的顺利进行。

（二）建立安全管理组织

研学旅行企业建立统一领导、分级管理、职责明确、信息畅通的安全管理与事故应急处理领导小组，确定组长、副组长、组员，开通24小时专线。安全管理与事故应急处理领导小组通常由计调经理兼任副组长并负责实施安全管理措施。

（三）拟定安全事故预防措施

（1）分期分批有针对性地开展全员安全教育培训。计调人员、研学旅游指导师（领队）都要参加研学旅行企业安全事故处理的专业培训，掌握一定的安全知识、防范技能，熟悉各类应急处置预案。

（2）按时足额购买研学旅行企业责任保险，提示研学者购买个人旅游意外险，以保障研学旅行企业和研学者的合法权益。

（3）计调部门应选择具备相应经营资质、信誉良好、服务优质的地接合作商，以及直接为研学者提供交通、游览、住宿、餐饮等服务的相关人员，实施常态化管理，实时评估其安全保障能力，对不符合要求的合作商及人员及时清退。

（4）在充分考虑安全的前提下，制订研学团队的行程计划和线路。

（5）组织登山、探险等特殊研学项目及大型的群体研学活动时，必须事先制定细致的安全保护和急救措施，对研学行程计划及线路的安排要充分考虑参团群体的特殊性。

（6）协同研学旅行企业总经办制定针对交通意外、人员走失、食物中毒等研学旅行安全事故的应急预案。

（四）了解研学旅行企业安全事故类型

1. 研学旅行企业安全事故的定义

凡涉及研学旅行企业组织接待过程中发生的研学者和研学旅行企业随团人员人身伤亡或财物损失的事故均为研学旅行企业安全事故。

2. 研学旅行企业安全事故的分类

研学旅行企业安全事故一般按照事故造成的人员、财物损失大小，分为以下等级。

（1）特别重大事故，指造成30人以上（含30人）死亡，或者100人以上（含100人）重伤（包括急性中毒，下同），或者1亿元以上（含1亿元）直接经济损失的事故。

（2）重大事故，指造成10人以上（含10人）30人以下死亡，或者50人以上（含50人）100人以下重伤，或者5000万元以上（含5000万元）1亿元以下直接经济损失的事故。

（3）较大事故，指造成3人以上（含3人）10人以下死亡，或者10人以上（含10人）50人以下重伤，或者1000万元以上（含1000万元）5000万元以下直接经济损失的事故。

（4）一般事故，指造成3人以下死亡，或者10人以下重伤，或者1000万元以下直接经济损失的事故。

（5）轻微事故，指一次造成研学者或者研学旅行从业人员轻伤或者经济损失在10万元以下的事故。

（五）进行安全事故报告和应急救援

遭遇研学安全事故或突发事件时，计调人员应最先获得研学旅游指导师报告的事故信息，判断并及时上报研学旅行企业负责人及相关部门，指导随团研学旅游指导师处理事故。

1. 事故发生后的首次报告（口头报告）

（1）遭遇事故的团号、行程、全团总人数、研学旅游指导师（领队）姓名等团队信息。

（2）事故发生的时间、地点，以及事故发生的简要经过和现场情况。

（3）报告人的姓名和联系电话。

2. 事故处理过程中的报告（先口头报告，后书面报告）

（1）事故已造成或者可能造成的伤亡者人数（包括下落不明的人数）及其姓名、性别、年龄、国籍，证件（护照、身份证、港澳台通行证）号码等。

（2）事故处理的进展情况。

（3）事故原因分析。

（4）伤亡者家属及随团其他人员等有关方面的反应和要求。

（5）其他需要请示或报告的事项。

3. 事故处理结束后的报告

计调部门需全面总结事故发生及处理情况，做出书面报告，上报总经理和行政管理部门，报告包括以下内容。

（1）当事人姓名、性别、年龄、参团路线、出事地点和时间、造成的后果。

（2）事故的经过或当事人的情况、事故的原因、事故的性质及责任认定等。

（3）事故发生后采取的措施及事故控制情况。

（4）事故教训及今后预防措施。

（5）善后处理情况及赔偿情况。

（6）当事人及其家属以及研学团队其他成员的要求。

（7）事故遗留问题及其他相关事项。

4. 应急救援的启动

研学旅行企业事故应急处理领导小组（安管小组）接到事故报告后，在及时上报行政管理部门的同时，应立即召开紧急会议，启动紧急救援预案。

（1）分析事故类型和特征。

（2）明确分工，落实向行政管理部门和政府相关部门（如外事、公安、交通、消防、救险、卫生、医疗部门以及保险公司等）进行信息报告和开展紧急救援等工作。

（3）委派人员前往事故地协助处理善后事宜。

（4）谨慎处理新闻事务,研学旅行企业及工作人员须严格按照权限和程序对外发布事故信息。

五、突发事件防范和处理

当研学行程中遭遇自然灾害、社会安全事件,或是发生交通、火灾、食物中毒事故,以及偷窃、抢劫、诈骗、行凶等治安违法事件时,计调部门须立即安排研学旅游指导师(领队)及其他从业人员迅速采取有效措施,全力保护研学者安全。相关人员须坚守岗位,严禁置身事外或临阵脱逃。

（一）自然灾害与社会安全事件的处理

研学团队在研学旅行过程中遇到台风、地震、冰雹、水灾等自然灾害或战争、恐怖活动、动乱、罢工等社会安全事件时,计调部门应要求随团研学旅游指导师(领队)及其他从业人员保持镇定和冷静,迅速对形势做出准确的判断,采取一切有效措施保护研学者,及时与研学旅行企业联系,并带领研学团队撤离灾区或危险地带。研学旅游指导师应沿途照顾好受伤或患病人员,尽最大的努力减少人员伤亡,不得弃团自行逃生。研学旅行企业计调部门要保持与研学旅游指导师的联络。

（二）旅游交通事故的处理

交通事故发生后,计调部门要尽快与随团研学旅游指导师联络,了解具体情况,指导研学旅游指导师(领队)做好以下处理工作。

1. 抢救伤者

研学旅游指导师(领队)组织现场人员迅速抢救伤者,特别是重伤者;研学旅游指导师(领队)立即呼叫救护车或拦车将重伤员送往离出事地点最近的医院抢救并拨打报警电话;请医院为伤者开具医疗诊断证明。

2. 报警处理

交通事故发生后,研学旅游指导师(领队)应设法保护事故现场或拍摄现场照片,尽快通知交警来现场调查处理。现场处理结束后,应及时取得交通事故责任认定书或交通事故证明书。

3. 书面报告

研学旅游指导师(领队)第一时间向公司口头报告,事后写出书面报告。

4. 继续行程

研学旅游指导师(领队)及时安抚其他研学者,稳定他们的情绪,同时,根据实际情况,尽量确保研学行程继续推进。

（三）火灾事故的处理

研学者在研学旅行过程中,遭遇火灾事故时,在研学旅行过程中遭遇火灾事故时,计调部门应要求随团研学旅游指导师(领队)及其他从业人员保持镇定,迅速对火势情况作出准确判断,并指导其做好以下处理工作。

(1)立即报警,迅速通知全体研学者配合现场工作人员,听从统一指挥,快速经安全通道撤离现场。

(2)如果情况危急,不能及时离开火灾现场或被困,研学旅游指导师(领队)不可提前撤离,应在研学者全体撤离后方可撤离。

(3)告知研学者千万不能搭乘电梯或慌乱跳楼,尤其是三层以上楼面的被困者,切记不可企图跳楼逃生。

(4)提示被困者用湿毛巾捂住口、鼻,尽量身体重心下移,使面部贴近墙壁、墙根或地面。必须穿过浓烟时,可用浸湿的衣物、被褥将门缝封堵严,捂住口、鼻,贴近地面蹲行或爬行;若身上着火,可就地打滚,将火苗压灭,或用厚重衣服压灭火苗;大火封门无法进退时,可用浸湿的衣物、被褥将门缝封堵塞严,或泼水降温等待救援;见到消防人员来灭火时,可以摇动色彩鲜艳的衣物发出信号,争取救援。

(5)得救后,研学旅游指导师(领队)应立即清点研学团队人数,将伤者迅速送往医院救治;如果有人死亡,按照相关处理程序执行后续事宜。

(6)及时安抚团队成员情绪,协助解决火灾导致的实际困难,并根据现场情况,在确保安全的前提下推动研学活动继续开展。

(四)其他事宜

(1)研学旅行意外伤害事故发生后,研学旅行企业计调部门在组织紧急施救的同时,需立即建立事故档案,收集伤亡人员详细资料,并在企业领导指示下,尽快通知其家属,妥善开展善后工作。

(2)研学旅行安全事故发生后,计调部门应查明事故原因及责任,收集完整资料,并在事故发生后48小时内向投保的保险公司报案,办理理赔事宜,并在事故发生后48小时内向投保的保险公司报案,办理理赔事宜。

(3)若因社会安全事件或企业安全事故导致原研学旅行合同行程无法全面履行,计调部门与地接社协商确定行程调整方案后,需与继续行程的研学者签订研学旅行行程调整确认单,写明"因遭遇××事件/事故,对原旅游行程进行如下调整……"且确认单须由所有继续行程的研学者亲笔签名确认。

六、研学者投诉处理

研学者投诉是指参与研学的人员认为研学活动经营者损害其合法权益,以书面或口头形式向研学活动经营者、研学行政管理部门或其他行政管理部门提出维权诉求并要求处理的行为。研学者投诉往往表明研学旅行企业的产品与服务存在不足,因此企业应当重视研学者的投诉。

从研学旅行企业质量建设角度看,研学者的合理投诉是对企业服务质量问题的警示。企业通过对投诉展开调查与处理,能够精准定位问题、弥补服务缺陷,进而提升整体服务能力;优质的投诉处理还能改善和强化与研学者的关系,在促使研学者积极维护自身权益的同时,增强其对企业的信任。有研究显示,只要补救措施得当,约70%的投诉客户仍会选择继续与企业合作,并转化为忠诚客户。

研学旅行企业要做好投诉管理工作,需从三方面着手:首先应构建职责清晰的投诉处理机构,并培养专业的投诉处理人员;其次要制定科学高效的投诉处理流程,以及配套的处理措施;最后需建立有效的反馈机制,对投诉案例进行深度分析。其中,研学旅行企业的计调人员,尤其是计调部门管理者,作为受理和处理研学者投诉的核心力量,需熟悉投诉处理的基础知识,熟练掌握处理流程,持续提升自身的投诉处理能力。

(一)认识研学者投诉

研学者对研学旅行企业服务质量的评价是多角度的,对其服务不满意最显著的表现是投诉。

1.按表现形式分类

显性投诉是研学者通过口头、书面、电话等方式,向研学旅行企业计调部门、当地旅游行政主管部门或其他监督媒体反映研学过程中的不满。其中,大多是向研学旅行企业和当地市场监督管理部门投诉。

隐性投诉是指当研学者对研学活动或相关服务不满时,不直接向研学旅行企业、研学行政管理部门或其他相关机构提出投诉,而是通过大肆宣扬甚至诋毁企业及其服务人员、转移购买行为等间接方式表达不满。隐性投诉会对研学旅行企业的市场评价造成负面影响,损害研学旅行企业及其服务人员的口碑。所以,研学旅行企业应当积极采取措施加以应对。

2.按内容分类

研学者投诉按内容可分为门市接待投诉、购物投诉、住宿投诉、研学资源点及活动项目服务投诉、餐饮投诉、研学旅游指导师(领队)投诉、交通投诉等。

3.按事件对服务双方的损害程度分类

普通投诉是研学者对研学旅行企业违反旅游合同规定服务标准的投诉。普通投诉应在3~5个工作日内结案。

中等投诉是除普通投诉外,未造成人身伤害及大额财产损失,但需双方协商解决的投诉,如购物投诉等。中等投诉应在30天内结案。

重大投诉是除普通投诉和中等投诉以外的案件,即造成重大人身伤害和财产损失,如研学旅行企业途中甩团、减少旅游项目及行程等。重大投诉应在60天内结案。

(二)明确研学者投诉处理流程

研学旅行企业应以计调部门为主体,联合各部门质检员或投诉管理员组成质量监督小组,设置专门的投诉电话,并制定投诉处理流程。研学旅行企业质量监督小组应严格按照流程处理投诉事件。研学旅行企业投诉处理流程如下。

1. 投诉受理

（1）受理投诉来电、来信、来访、电子邮件，以及领导及上级机关批转件等。

（2）投诉记录：将投诉案件进行统一登记，登记内容包括投诉人的姓名、性别、国籍、通信地址、邮政编码、联系电话，以及被投诉方的部门名称或姓名。

（3）投诉的请求、理由和相关事实、材料。

（4）证据：研学旅行合同、计划说明、参团发票等。

2. 投诉审理

受理投诉后，质量监督小组（有的研学旅行企业设为客户服务中心）须在工作时间5个小时内，把投诉案件转交研学旅行企业被投诉部门负责受理投诉的人员进行办理。其在接到案件后，应立即与投诉人取得联系，认真调查、核实、分析全部投诉内容及陈述材料。

在审理过程中，面见投诉人是十分重要的环节，此时应特别注意沟通的方式方法。如果投诉人来访，应立即有人接待，做到"三个一"，即提供一个专门接待的空间，一把椅子请投诉人坐下，泡一杯茶奉给投诉人。接待人员要先耐心倾听投诉人讲完诉求，并认真做好记录，之后再进行解释说明，在整个过程中，绝对不允许出现激化矛盾的行为。若需要上门拜访投诉人，相关部门应积极安排人员妥善处理。须提前一天确定上门拜访的时间，安排好上门拜访的人员，并明确上门拜访时需要解决的问题。

3. 投诉处理

（1）事实及责任清楚的一般投诉，受理方（质量监督小组）与具体被投诉部门要尽快促成双方谅解。研学旅行企业及其服务人员确有过错并损害投诉人利益的，应主动赔礼道歉，赔偿损失，争取与投诉人自行和解，并签订和解协议。投诉应在5~15个工作日内结案。

（2）对于重大投诉，受理方（质量监督小组）的企业领导应进行协办，并视案件的重大程度在30~90天内做出处理，并写出书面报告。书面报告应注明下列事项：被投诉事由及相关人员；调查核实过程；基本事实与证据；责任及处理意见；处理结果。

4. 结案归档

计调部门或客户服务中心应及时通报受理案件的处理情况，同时全面收集并整理处理过程中的相关材料。这些材料需按照处理时间的先后顺序依次进行登记整理，装订成册后存档。以下是结案归档的具体要求。

（1）投诉处理完毕2个工作日内，被投诉部门应将投诉处理登记表中的"调查协调记录"和"处理结果"填写完毕，并由部门第一责任人（部门经理）签字后，由质量监督人员递交研学旅行企业计调部门或客户服务中心存档。

（2）投诉处理完毕2个工作日内，被投诉部门（或人员）应将完整的和解协议（盖有部门公章，有经办人和研学者的签名）递交计调部门或客户服务中心存档。××研学旅行企业投诉处理登记表如表5-7所示。

表 5-7　××研学旅行企业投诉处理登记表

受理日期：　　年　月　日

投诉人姓名或单位名称		性别		投诉方式	
旅游线路或项目		出团日期		研学旅游指导师/领队	
联系电话		通信地址			
收客单位		销售人员		计调人员	
投诉受理部门		受理方式		受理人	
投诉事项及赔偿请求					
质检小组处理意见					
调查案件记录					
处理结果					
审批意见		责任中心(部门)经理：		分管领导：	

研学旅行企业质量监督小组

知识训练

1.研学旅行计调人员应从哪些方面提升计调业务技能？

2.研学旅行计调人员应从哪些方面进行素质培训？

技能训练

发生时间：2023年暑期。

投诉人：南京消费者樊女士。

被投诉方：××研学旅行机构。

投诉内容：樊女士在2023年暑期为孩子报名了从南京到新疆的亲子研学旅行团，花费了15000元左右。然而，在研学行程结束后，樊女士对整体体验极为失望，遂向相关部门提出投诉。

投诉详情：

(1)研学活动不足：樊女士称，在整个研学旅行过程中，几乎没有开展真正意义上的研学活动。尽管行程里安排了多个文化景点和博物馆的参观，但讲解内容十分有限，既缺乏深度，又缺少针对性。孩子在参观过程中，未能获得充分的知识拓展和良好的学习体验。

(2)与普通旅游团无异：樊女士认为，该研学旅行团与普通旅游团在行程安排和体验上并无明显区别，没有体现出研学旅行的独特性和教育意义。

(3)虚假宣传：在报名前，××研学旅行机构曾宣传该团将提供丰富的研学活动和深度的学习体验。然而，实际情况与宣传内容严重不符，存在虚假宣传的嫌疑。

思考：遭到类似投诉，研学旅行机构应该如何处理？

项目小结

本项目主要介绍了研学旅行计调人员的素质培训与技能提升两部分内容。首先，通过必备知识储备和职业操守培训夯实基础，加强礼仪规范训练，提高法律素养，提升参与者的外在形象和内在素质，更好地从事研学旅行的各项工作。在素质培训环节，重点进行了协作网络调整、团队流量控制、客户关系维护、预警机制建立、研学旅行突发事件的防范和处理以及研学者投诉处理等方面的提升，掌握应对各种复杂情况的能力和技巧，提高了工作效率和服务质量。

参考文献

[1] 叶娅丽,陈学春.旅行社计调实务[M].2版.北京:北京大学出版社,2020.

[2] 邓德智,刘乃忠,景朝霞.研学旅行课程设计与实施[M].北京:高等教育出版社,2021.

[3] 张春莲,盖秋燕.旅行社计调操作实务[M].北京:中国旅游出版社,2017.

[4] 徐春燕.旅行社计调实务[M].2版.北京:高等教育出版社,2021.

[5] 周晓梅.计调部操作实务[M].5版.北京:旅游教育出版社,2019.

[6] 魏巴德,邓青.研学旅行实操手册[M].北京:教育科学出版社,2018.

[7] 邓青.研学活动课程设计与实施[M].北京:高等教育出版社,2022.

[8] 甄鸿启,李凤堂.研学旅行教育理论与实践[M].2版.北京:旅游教育出版社,2024.

[9] 赵爱华.旅行社计调实务[M].北京:中国旅游出版社,2016.

[10] 张颖.旅行社计调业务[M].大连:东北财经大学出版社,2018.

[11] 尚永利,米学俭,王国瑞.旅游计调师操作标准教程[M].3版.北京:旅游教育出版社,2018.

[12] 李学芝,宋素红.旅游市场营销策划[M].3版.北京:中国旅游出版社,2024.

[13] 陈丹红.旅游市场营销[M].北京:清华大学出版社,2023.

[14] 林绍贵.旅游市场营销学[M].天津:南开大学出版社,2013.

[15] 孙钦玲.全域旅游背景下"综合学习设计"在高职《旅行社计调操作》课程改革中的应用[J].湖北开放职业学院学报,2021,34(19):135-136.

[16] 李诗竹,岳云华.中小学研学旅行发展现状分析及对策[J].品位·经典,2024(9):150-152.

[17] 张莹.基于任务驱动法的旅行社计调业务教学探讨[J].教育教学论坛,2013(36):57,60-61.

[18] 王煜琴.旅行社计调业务[M].5版.北京:旅游教育出版社,2024.

[19] 李智贤.研学旅行市场营销[M].武汉:华中科技大学出版社,2025.

[20] 石媚山.研学旅行市场营销[M].2版.北京:旅游教育出版社,2024.

[21] 胡光明,徐志伟.研学旅行运营实务[M].北京:人民邮电出版社,2022.

[22] 韦欣仪,邹晓青.研学旅行产品设计[M].武汉:华中科技大学出版社,2023.

[23] 叶娅丽,边喜英.研学旅行基(营)地服务与管理[M].北京:旅游教育出版社,2020.

[24] 邓德智,伍欣.研学旅行指导师实务[M].2版.北京:旅游教育出版社,2020.

[25] 李建刚,谷音,王军.研学导师实务[M].武汉:华中科技大学出版社,2022.

[26] 薛兵旺,杨崇君.研学旅行概论[M].3版.北京:旅游教育出版社,20203.

[27] 李岑虎.研学旅行课程设计[M].2版.北京:旅游教育出版社,2021.

Note

教学支持说明

为了改善教学效果,提高教材的使用效率,满足高校授课教师的教学需求,本套教材备有与纸质教材配套的教学课件和拓展资源(案例库、习题库等)。

为保证本教学课件及相关教学资料仅为教材使用者所得,我们将向使用本套教材的高校授课教师赠送教学课件或者相关教学资料,烦请授课教师通过加入旅游专家俱乐部QQ群或公众号等方式与我们联系,获取"电子资源申请表"文档并认真准确填写后发给我们,我们的联系方式如下:

地址:湖北省武汉市东湖新技术开发区华工科技园华工园六路

邮编:430223

研学旅行专家俱乐部QQ群号:487307447

研学旅行专家俱乐部
群号:487307447

扫码关注
柚书公众号

电子资源申请表

填表时间：_____年____月____日

| 1.以下内容请教师按实际情况填写，★为必填项。 |
| 2.根据个人情况如实填写，相关内容可以酌情调整提交。 |

★姓名		★性别	□男 □女	出生年月		★职务	
						★职称	□教授 □副教授 □讲师 □助教
★学校				★院/系			
★教研室				★专业			
★办公电话		家庭电话				★移动电话	
★E-mail （请填写清晰）						★QQ号/微信号	
★联系地址						★邮编	

★现在主授课程情况	学生人数	教材所属出版社	教材满意度
课程一			□满意 □一般 □不满意
课程二			□满意 □一般 □不满意
课程三			□满意 □一般 □不满意
其 他			□满意 □一般 □不满意

教 材 出 版 信 息	
方向一	□准备写 □写作中 □已成稿 □已出版待修订 □有讲义
方向二	□准备写 □写作中 □已成稿 □已出版待修订 □有讲义
方向三	□准备写 □写作中 □已成稿 □已出版待修订 □有讲义

请教师认真填写表格下列内容，提供索取课件配套教材的相关信息，我社将根据每位教师填表信息的完整性、授课情况与索取课件的相关性，以及教材使用的情况赠送教材的配套课件及相关教学资源。

ISBN（书号）	书名	作者	索取课件简要说明	学生人数 （如选作教材）
			□教学 □参考	
			□教学 □参考	

★您对与课件配套的纸质教材的意见和建议，希望提供哪些配套教学资源：